武士の娘だった祖母が教えてくれた

女子の教養

Joshi-no Kyoyo

石川真理子

Ishikawa Mariko

致知出版社

女子の教養＊目次

第二章　礼のたしなみ

第四章　品位のたしなみ

第五章　克己のたしなみ

強くやさしくあるために

装幀――川上成夫
写真――トヨサキジュン
ヘアメイク――Reina
帯写真――©hororo Style/amanaimages

本書の引用部分には、現在では差別的とされる表現が含まれていますが、書かれた当時の時代情勢と、作者および訳者の意図を考慮して、原文のまま記載しています。

序章

武家の娘の矜持をはぐくんだ日々の「たしなみ」

「おばあちゃんは明治女だからね。それも武家の娘として育てられたから筋金入りなんだよ」

ものごころつくころから幾度か耳にした言葉です。

もっとも、幼い私に、「明治女」だとか、「武家の娘」ということが何を意味しているのか、わかりようもありません。ただ、何かとても威厳のある、明らかに別格という感じは抱いたものです。

祖母は私が十二の年に他界しました。ともに過ごした日々は、時の流れとともに遠い過去になっていくはずでした。

ところが二十代半ばを迎えたある日のこと、ふとした拍子に気づいたのです。

「私にもサムライの血が流れている……」

閃光《せんこう》を見たような思いでした。当たり前と言われればそれまでです。むしろ当たり前すぎて認識できずにいたのでしょう。

その瞬間、過去の思い出となったはずの祖母の姿が生前より存在感を増して脳裏に蘇《よみがえ》りました。遙《はる》か彼方《かなた》に感じられていた「武家の娘」や「明治女」という言葉も、突然、意味を持ち始めたのです。

私は「サムライの娘の血が流れている」にもかかわらず脆弱《ぜいじゃく》で情けない自分を深く恥じ、祖母に対して申し訳なく思いました。

十代半《なか》ばから「生きる」ということについて未熟ななりに考え続けてきた私は、二十代半ばにしてなお生き迷っていました。濃霧《のうむ》の中を歩くような日々と言ったらわかりやすいでしょうか。祖母の姿はそこに射し込んだ一筋の光のようなものです。

私は、もう一度、武家の娘であり明治女である祖母の教えと生き方を学びなおそうと思い立ちました。武家の末裔《まつえい》なのだと実感したのは、先祖に心がつながったためだったのでしょう。

祖母は元米沢藩士の娘として明治二十二（一八八九）年に生まれ、厳格な武家のしつけを受けました。その父から「おなごがでたらめになると世の中がでたらめになるのだぞ」

と諭《さと》され、武士道と婦道《ふどう》を徹底的に仕込まれたのです。

それは、とりわけ結婚後に発揮されることとなりました。祖母の夫、つまり、私の祖父は元仙台藩士の家系に生まれた典型的な明治男で、祖母はたいへんな苦労を重ねながらも、明治・大正・昭和という激動の時代を果敢に生き抜いたのです。前著『女子の武士道』（致知出版社）では、そんな祖母の半生を綴《つづ》りましたが、何ごとにも屈しない武士道精神がなかったら、あるいは日本婦道がなかったら、とても乗り越えられたものではなかったろうと思います。

では、武士道や婦道とは、どのようなものなのでしょうか。

極めて簡単ではありますが、それらの道徳律について述べておくことにいたしましょう。


まず武士道です。

武士が何より重んじたのは「誠」です。「言」ったことを「成」すということの字の成り立ちは、サムライが行動の人であることを物語ります。つまり、知識は行動にあらわれなければ真の知識ではなく、また、「言行一致」と言って言葉と行いを一致させることに尽力しなければなりませんでした。今でも周囲から絶大な信頼を得ている人は言葉だけでなく必ず行動が伴っているはずです。

武士道の道徳律には儒教における八つの徳、「仁（他者への愛）」「義（損得ではない人としての正しい行い）」「礼（思いやり）」「智（大自然の叡智、真理）」「信（信頼、うそをつかない）」「忠（裏切らない）」「孝（目上の人への敬意）」「悌《てい》（弱い立場への配慮）」が取り込まれました。さらにここから派生して、「礼儀」「仁義」「忠義」「信義」「節義」「廉恥《れんち》」「潔《けっ》白《ぱく》」「質素倹約」「勇気」「名誉」が行動規範となりました。

一見、難しいように見受けられますが、どれも現在でも大切なことばかりです。礼儀正しく節度があり、思いやり深くうそ偽りのない人、いざとなれば頼りになる勇気ある人、このような人は周囲の尊敬を集めるはずです。

そして、婦道です。

婦道には「婦徳（柔順・やさしさ）」「婦言（気品ある言葉遣い）」「婦功（家事・家政）」「婦容（美しさ）」という四つの徳目があります。これが女性らしさの基準として、江戸時代から戦前まで大切にされました。

日本女性は今も昔も世界的に評価が高いものですが、こと明治女性に至ってはほとんど絶賛の域です。

「日本の婦人は賢く、強く、自立心があり、しかも優しく、憐《あわ》れみ深く、親切で、言い換えれば、寛容と優しさと慈悲心を備えた救いの女神そのものである」（『英国人写真家の見た明治日本〜この世の楽園・日本』ハーバート・G・ポンティング著　長岡祥三訳　講談社学術文庫）

日本婦道こそが「世界が憧れる明治女性」をつくりあげたと言っていいでしょう。

武家の娘として育てられた祖母は、武士道および婦道を、人生の規範としていました。どうということもない日々の行いも、基準はすべてここにあったのです。

ちなみに、武士道と言うと男性のものであり女性には関係ないと思われる方が少なくないようですが、そうではありません。先に挙げた武士道の道徳律からもわかるように、男女の別なく人としての大切なあり方を説いています。

武家の女性は妻としてサムライたる夫を支え、母として跡継ぎたる長男をしつけました。いずれも武士道の心得なくしてできることではありません。

山岡鉄舟《てっしゅう》は「武士道は人間である以上は、男子の女子のと区別はないよ」「日本歴史の真相をうがち得れば、女子がいかに真武士道を履行《りこう》して、いかに日本国の真面目《しんめんもく》をでかしたかは、歴々として明瞭《めいりょう》である」（『山岡鉄舟の武士道』勝部真長編　角川ソフィア文庫）と述べています。日露戦争において陸軍大将を務めた黒木為楨《ためもと》は、「日本の男子が母親から武士道を教育されていなかったら、今回の勝利はない」という内容の談話を残しているのです。

新渡戸稲造の名著『武士道』を初めて読んだ時、私は少なからぬ驚きを覚え、「祖母が私に教えたことは、武士道だったのか」という思いを抱きました。婦道にしてもそうです。江戸時代から明治時代にかけて出版された女訓書を紐解《ひもと》くことで、祖母は我が国に受け継がれてきた婦道に則って私をしつけたのだと合点《がてん》がいきました。

「武士道」と言うと武家のための特別な教養であり、「婦道」などは女性を縛る過去の因《いん》習《しゅう》だと思われるかもしれません。けれど、私にとっては、武士道も婦道もふだんの生活の中で生かされている教養であり、けっして特別なものでも、過去のものでもありませんでした。

教養とは単なる知識ではなく、日々生かされてこそ教養なのです。

国民教育の師父と称される森信三先生は、「たしなみ」と読んだうえでこう述べておられます。

「教養《たしなみ》」とは、すべての知識や技能が人間的に融《と》かされ、生かされている状態を言うのでありまして、真に自分自身の体に融け込んだものをいうわけです。（『女人開眼抄』森信三著　致知出版社）

教養とは人柄や人格に融け込んで生きているもの。

武士の娘として誠を重んじた祖母の「いくら学んでも行わなければ、半分しか学んだことにはならない」という言葉と合致します。

第一歩は「明日をも知れぬ命」を知ること

新幹線が開通し、東京タワーがたち上がり、街も人も急速に変わっていった時代。日本は高度経済成長期を迎え、経済大国としての坂道を一気に駆け上がろうとしていました。けれど祖母を中心とした我が家は、あたかも取り残されているかのような時が流れていたものです。

朝起きて身繕《みづくろ》いを済ませると、祖母の部屋へ向かいます。襖《ふすま》を開けて部屋に入る時の緊張感は常のものでした。

小さい両手をついて「おはようございます」と言うと、祖母は「はい、おはよう」と応じ、「さあ、きょうも一日しっかりね」と加えます。それが時には「きょうも一日命がありましたね」になりました。

日々、「一日」ということを言われ、「命」などという言葉をたびたび聞かされると、子供ながらに気づかされることがあるものです。

それは、「この命には限りがある」ということです。さらには、「その限りがいつなのかわからない」ということです。

もっとも、子供のころは、うまく言葉にすることはできませんでした。言葉にできないだけに体で知ってしまったようなところがあり、恐怖にさいなまれました。

とはいえ、命の限りを悟ることなど、そんな簡単なことではありません。厳密には私も、まだほんとうにわかっているわけではないのです。

それでも、この真理と向き合い続けるうちに、だんだんと「たとえ明日死んでしまっても後悔しないように今を生きよう」と心がけるようになりました。

私の人間的な成長は、その意識と真摯《しんし》に向かい合うことができた時から始まったように思います。学んだことをひとつでも多く行動に生かす、よいと言われていることは何でもやってみる、その上でさらに学ぶ、何事からも学ぶ、ということに、努めるようになったからです。

「武士道といふは、死ぬ事と見附けたり」

有名な『葉隠《はがくれ》』の一節です。

今まさに生きているのだ、この人生は一度きりなのだ、という実感は、死を知ること、命に限りがあることを自覚しなければ抱くことはできません。「武士道といふは、死ぬ事と見附けたり」とは潔《いさぎよ》く死ぬことではなく、「命ある限り生きよ」「死ぬ寸前まで生き抜け」ということを教えているのであり、「命を無駄にするな」と諭しているのだと私は思っています。

そして、何をするにも何を学ぶにしても、すべては「明日をも知れぬ命」であることを知ることが第一歩になると確信しています。

大人になったら自分で自分をしつける

祖母と共に暮らしたのは、十二年間でしかありません。けれどその間に教えられたことは、どれも大切なことばかりでした。

与えられた日々をいかに過ごすか。どんな意識で何に配慮し、いかに行うのか。

それは人生の基本であり根本です。足下とも言うことができます。足下をしっかり固めない限り、飛躍はできません。

祖母は父親から「おなごは大地である」と教えられました。「いい加減な大地では農作物もいい加減になる」のだと。これは「足下たる基本がいい加減なら人生もいい加減になる」ということを意味します。祖母の武家の娘としての矜持《きょうじ》も、基本を練り固めることによって完成したのです。

どれほど時代が変わろうとも、人としてどうあるべきかという基本は変わりようがありません。その基本的なことが、行われているでしょうか。できていないこともあるのではないでしょうか。

私自身、できないことがたびたびあります。いえ、正直に申しましょう。幼い頃に、あんなにしつけられたにもかかわらず、いまだにできないことがたくさんあります。

つくづく思うことは、大人になったら自分で自分をしつけなくてはいけないということです。祖父母や両親、あるいは師から教えられたことや書物などで学んだことを、今度は自分で自分に言い聞かせ、少しでも身につけようと努力するのです。それは大人としての責任と言っていいかもしれません。

祖母の言葉「心がけは一生のものですよ」

祖母の言うことは、びっくりするほど単純明快でした。

「できないなら、できるまですればいいことですよ」

「できないと決めつけたら、きっとできません」

「できるかできないかの違いは、するかしないかでしかないんだよ」

当たり前のこと、有無を言わさぬことばかりです。誰が聞いても「そうだ」としか思わないでしょう。

けれど簡単になせることではありません。常にたゆまぬ努力が必要になります。それも、生きている限り続ける努力です。

祖母から「心がけというのは、一生のものなんだよ」と言われたことが何度かありました。ちょっとがんばってできないと放り出す私の忍耐力のなさを心配したのでしょう。

若いころは「一生、努力するなんて」と思いましたが、今ではこう思います。

「生きている以上チャンスがある」

もし、祖母が今も生きており、ご挨拶の後に「今日も命がありましたね、ありがたいこと」と言ってくれたら、私はにっこり笑って請け合うでしょう。

「ほんとですね。今日も成長する機会をいただけたのですから、大切に過ごします」

日々、努力できるというのは、なんと嬉しいことなのでしょう。

金剛石もみがかずば

昭憲《しょうけん》皇太后さまの御歌《みうた》に「金剛石《こんごうせき》」というものがあります。

祖母が生まれる二年前の明治二十年、華族女学校に「水は器」という御歌と共に下賜《かし》されました。ほどなく曲がつけられ校歌となり、華族女学校ばかりか全国の私立女学校で歌われるようになり、ついには尋常小学校の唱歌となっています。


「金剛石」

金剛石もみがかずば　珠《たま》のひかりはそはざらむ
人もまなびてのちにこそ　まことの徳はあらはるれ
時計のはりのたえまなく　めぐるがごとく時のまの
日かげをしみてはげみなば　いかなるわざかならざらむ
（ダイヤモンドも磨かなければ光り輝くことはありません。それと同じで人も学んでこそ真の人徳が身につきます。時計の針がたえまなく時を刻むように、この一瞬一瞬を励むなら、できないことなどありましょうか。何だってできるのです）
「まことの徳」とは人として、女性としての輝き。それは命そのものの輝きでもあるのでしょう。命を眩しいほどに輝かせながら生きる人の人生は、きっとこのうえないものになるはずです。
本書では、武家の娘であり明治女であった祖母から幼いころに受けた薫陶《くんとう》や、両親や叔母から教えられた祖母の流儀の中から、特に大切だと思えること、ふだん私が努めて心がけていることを選んでまとめました。

何ぶん教えを受けたのは幼少期のことであるために、成長するに従い、一歩進めて解釈したことなども加えています。

また、新渡戸稲造の『武士道』、祖母が好んで学んだ『論語』のほか、森信三先生をはじめとする明治生まれの人々の言葉を引用しました。武家の娘であり明治女である祖母の教えを、より深く理解していただくためです。さらには外国人の記録も随所でご紹介しています。明治の日本人、日本女性がいかに「文明国の人々」を驚かせ、尊敬の念を抱かせたかを知っていただきたいのです。

誰もが知る当たり前の教えであっても、もう一度、「なぜそうすべきなのか」「そこにどんな意味があるのか」に心を向けていただければと思います。同じ行いをするにしても、どんな心づもりでいるかによって、結果は全くちがってくるからです。

祖母の教えをご自身の日々のたしなみに、あるいは、お子さまやお孫さまのしつけにも、お役立ていただければ幸いです。

第一章　表情・姿勢・挙措のたしなみ

たしなみの根本

たくさんの人が行き交う駅などで、時折、実に気持ちのよい人を見かけることがあります。表情にやわらかさと明るさがあり、身のこなしは軽やかです。

けれど、こうした人は非常に少数派で、残念ながら多くの人がほぼ逆の状態にあります。疲れきった立ち姿、憂鬱《ゆううつ》そうな表情……特に都市部では顕著《けんちょ》です。

人に対してよい印象を与えるのはどちらか、それはもう考える以前の問題で、誰もが前者に好感を抱くのは火を見るよりも明らかです。

いつどんな時でも人は否応《いやおう》なしに周囲に影響を及ぼしてしまうものです。表情ひとつ、佇《たたず》まいひとつが、あたりの空気をよくも悪くもしてしまう、全く無関係な人を「私《わたくし》の気分」によって振り回すことができてしまうのです。

祖母は言いました。

「それは必ずおまえにかえってくるからね」

姿勢や表情、立ち居振る舞いに対するしつけというものが、今はずいぶん希薄《きはく》になってしまったように思います。これらのしつけは単に美しさを備えさせるためだけでなく、自立心や自制心、さらには公共心をも養います。
武士は「私」よりも「公」を重んじました。自分個人の気分や感情よりも、他者に対する思いやりを優先したのです。この規範は、やがては日本人全体に広がりました。ラフカディオ・ハーン（小泉八雲）は、日本人がなぜ他者の喜びを大切にするのか、そのわけを見抜いています。

日本人のように、幸せに生きていくための秘訣を十分に心得ている人々は、他の文明国にはいない。人生の喜びは、周囲の人たちの幸福にかかっており、そうであるからこそ、無私と忍耐を、われわれのうちに培う必要があるということを、日本人ほど広く一般に理解している国民は、他にあるまい。（『新編　日本の面影』ラフカディオ・ハーン著　池田雅之訳　角川ソフィア文庫）

疲れている時でも、なるたけ気持ちのよい爽《さわ》やかな佇まいでいる。

誰が見ているわけではなくても自分のありように心を配る。

何もそんな些細なことに、と思われることでしょう。しかし、些細なことほど、「今自分はどのような状態にあるか」に目を向け、「今自分はどのようにすべきか」を行いに反映するのは難しいものです。

無意識になりがちなことに対してどれだけ意識を向けることができるかという一事によって、人間性の基本・根本は鍛えられます。ひるがえって言えば、こんな些細なことでさえ、自分を鍛え練り上げるための格好の機会になるというわけです。

君子は本を務む。本立ちて道生ず（『論語』金谷治訳注　岩波文庫　以下同）。

『論語』の一節です。「君子は根本のことに努力する。根本が定まってはじめて進むべき道もはっきりする」という意味です。

表情・姿勢・挙措《きょそ》のたしなみは、基本中の基本、根本中の根本です。ここをしっかり鍛えることが、たしなみの第一歩になるのです。

女子の教養 一

いつでもよいお顔でおりなさい。大事なのは自分から元気になることです

気分をあからさまにしない

子供のころ、少しでもつまらなそうな顔をしていると、すぐさまこう諭されました。

「どんなお顔をしているか鏡を見てごらんなさい」

幾度も注意されますから、そう言われた時にはハッとして、目もと口もとに意識を向けたものです。

このような「表情に対するしつけ」は、世代によっては多かれ少なかれ経験があるので

はないでしょうか。「仏頂面《ぶっちょうづら》をするものではありません」ということは、かつては多くの家庭において言われたことでした。

幕末に来日した海軍士官スエンソンは、

「日本人は日の本でもっとも礼儀正しい国民である。子供のときからこのいちばん大事な徳行を教え込まれ、それに少しでも外れたりすると非常に厳しい目でにらまれる。口のき方だけではなく、顔の表情や行為にまで、住民中最下層の人々の間ですらきちんとした礼儀が要求される」（『江戸幕末滞在記』E・スエンソン著　長島要一訳　講談社学術文庫）

と述べています。嫌な気分をあからさまにしないという武家のしつけは、江戸後期以降すべての日本人に浸透した、日本の伝統的な家庭教育であったと言っていいでしょう。

「いつでもよいお顔でおりなさい。よいことがありますよ」

「よいお顔」は「良いお顔」であり「善いお顔」だろうと私なりに解釈しています。善良そうな表情です。

そして、こうも教えられました。

「笑顔のいい人というのは、相手を大事にする心を持っている。人を思いやることができれば、人からも大事に思ってもらえる。人を大事に思える人、大事にしてもらえる人になり」

明るく穏やかな表情を基本に

街を歩いていると、しかめ面《つら》をした人が向こうから近づいてきた。なんだろうと思っていると、それはショーウインドウに映し出された自分自身の姿だった。

よく聞く話ではないでしょうか。自分がどんな顔で歩いているかということに意識が向いていないと、このようなことになってしまいます。

「よいお顔」は、何もいつでもニコニコしていなさい、ということではありません。満面の笑みを浮かべて一人歩いているというのは、かえって気味の悪いものです。

一人の時は、笑顔の一歩手前とでも言いましょうか、明るく穏やかな表情を心がけます。口が「への字」や「一文字」にならないよう、口角《こうかく》をわずかに上げて頬《ほお》を軽く緩《ゆる》めます。

まちがってても眉をひそめたりしないように、赤ちゃんを見る時のようなやさしい目を心がけます。要は「仏頂面」をしなければよいだけのことですが、心の中で楽しいことを考えたり、嬉しかったことを思い出したりしていると、表情は明るく穏やかになりやすいようです。

この表情が常のものとなるように表情筋に憶えさせてしまいましょう。それが「常によいお顔」を身につける、いちばん楽な方法です。

つらい時こそ笑顔で

どんな時でも笑顔でいるというのは、言うは易《やす》く行うは難《かた》しです。

体調が悪い時、嫌なことがあった時、不安な時、腹立たしい時。笑顔でいるのが難しい時は、いくらでもあります。

学校で嫌なことがあった日、私は「おなかが痛いの」と言って暗い顔をしていました。すると「それはかわいそうに。では、よけいに、ちょっと笑ってみようか」と祖母は言うのです。

「少し具合が悪い時でも、笑って吹き飛ばしてしまおう、なんてふうにしていると不思議と元気が出てくるものですよ。おばあちゃんが見る限りでは、くよくよしている人ほど、いつもここが痛い、あそこが痛いと言ってるね」

笑顔が免疫力を向上させ、心身を回復させることは今や科学的にも証明されました。それでも、わかっていてもできないことはあるものです。

そういう時は、「空元気《から》でいい」と教えられました。

「空元気でも、そのうちホントの元気になるよ。大事なのは自分から元気になるっていうことなんだよ」

この「空元気」が、どれだけ私を救ってくれたかしれません。

不思議なことに、元気にしていると、ほんとうにたいしたことではないと思えてくるのです。そして、かえって冷静に事態を受け止めることができ、解決の糸口を見出《みいだ》せたことも少なくありません。

男でも女でも魂が揺さぶられたとき、日本人は本能的に、そのことが外へ表れるのを静かに抑えようとする。（中略）日本人にとっての笑いは、逆境によって乱された心の平衡を取り戻そうとする努力を、うまく隠す役目を果たしているからである。つまり笑いは悲しみや怒りとのバランスをとるためのものなのだ。（『武士道』新渡戸稲造著　岬龍一郎訳　ＰＨＰ文庫）
心が乱れた状態では通るものも通らない、うまくいくはずのこともうまくいきません。「よいお顔」は明るく穏やかで、かつ強い心をはぐくむものでもあったのです。

女子の教養　二

美人になりたいのなら目をきれいになさい。遠い目を基本に、気品ある目遣いをなさい

目をきれいにする方法

今も昔も美しい瞳はおおいなる魅力です。吸い込まれるような瞳、輝きのある目は美人の条件と言っていいでしょう。

ものごころつくころから「鏡をごらん」などと言われていると、副産物のように自分の顔かたちが気になるものです。そして私は自分の顔が好きではありませんでした。親からいただいたものを今となっては申し訳ない限りですが、母のようにもっと美人に産んでほ

しかった、などと嘆《なげ》いたことがありました。

父は落胆しました。私は父に似ており、父はそれが自慢だったのです。祖母は笑って言いました。

「私には、おまえが美人じゃないということもないと思えるけどね。まだわかりませんよ。美人は目次第だから、美人になりたいのなら目をきれいになさい。目には心ばえがあらわれるのだから、明るくきれいな目になりたかったら、明るくきれいな心でおりなさい」

かたちのうえでの美人の基準というのは時代に伴い変化するものです。けれど、心のあり方など内面的な基準は、ほぼ永遠に変わることはないでしょう。江戸時代から明治時代、ひいては戦前まで大切にされた女子四徳の教えのひとつ「婦容《ふよう》」は、女性の内的な美しさを求めるものでした。祖母は「美人は目次第」と言いながら、心を磨くことの大切さを教えたのです。

祖母は少女のころに事故で左目を失ったため義眼《ぎがん》を入れていました。どんな気持ちで「美人は目次第」と語ったのかと、今さらながらに思うところがあります。けれど、だからこそ「目は心ばえ」だと確信を持って教えたのでしょう。

遠い目を基本に

目には内面があらわれるとはよく言ったものです。たとえば、緊張すると瞬《まばた》きの多くなる人がいます。頭にきた時は、つい厳しい目をしてしまうものです。

となると、逆もまた然りということが言えないでしょうか。

緊張を感じた時にあえてゆっくり瞬きをすると、なんとなく心が落ち着きます。腹立たしいことがあり、自分でも目に力が入っているな、と感じた時、しばらく静かに目を閉じて、それからゆっくりまぶたを上げると、瞬間湯沸かし器のような怒りは、とりあえず静まります。少なくとも私の経験では、それなりの効果がありました。

祖母に教えられたことで非常に役立ったのは「遠い目」です。武家の礼法である小笠原流礼法において「遠山《えんざん》の目付《めつけ》」と言われるもので、剣道でも基本になっています。

「すぐ目の前を見るんじゃなくて、五メートルくらい先を見てごらん。もし壁や襖があっても、それを通り越すようなつもりで遠くを見やるのです」

実際にやってみるとわかります。視界が広がる感じがして、その状態で二、三回腹式呼吸をすれば、たちどころに心が落ち着くのです。全体がよく見えるようになり、動きが把握しやすくなります。道を歩いている時に「遠い目」でいると、人や自動車、自転車などの動きがすぐに察せられるため、これなら刺客《しかく》が飛び出しても太刀《たち》打《う》ちできる、などと言って笑われたことがありますが、そうでなければ剣道で教えられるわけがありません。

遠い目のもうひとつの利点は、相手の気持ちまで落ち着かせてしまうところです。

「おばあちゃんがおまえをじっと見ていたら居心地悪いだろう。話もしづらくなるだろうね。かと言って、やたらと目をそらされても落ち着かない。相手を見る時も遠い目をすると、これはいい具合になるよ。特に話を聞く時は、そうしてごらん」

話しやすい人と、なんとなく話しづらい人がいるものですが、祖母の言葉を思い出しながら両者の違いを見てみると、なるほどと思いました。話しづらいと感じている人を観察すると、ぐっとこちらを見るか、目線がそわそわして定まらないか、瞬きが非常に多いかなのです。いずれの場合でも、早く話を切り上げたいというような気持ちになってしまいます。

「遠い目」は、ぜひ仕事でも役立てていただきたいと思います。特に上の立場の方は、部下の話を聞く時などになさってみていただきたいのです。上司に話をするというのは、どうしたって緊張してしまうからです。

私は仕事柄インタビュー取材が多かったのですが、嬉しいことに「石川さんは話しやすい」と言っていただけることがたくさんありました。全く祖母のおかげです。

目遣いに気品を

「目は心ばえ」と祖母は言いましたが、そこにはおのずから品性や気品といったものも含まれます。そして、気品を感じさせる目遣いも具体的に教えられました。

それは以下のようなことで、たいへん役に立ちます。

「お外に出た時はきょろきょろしないように」

「人をじろじろ見るものではありません」

このふたつは「遠い目」を身につけることで、だいたい解決します。

「目だけを動かしてはなりません。お顔もいっしょに向けなさい。その時に、ぱっと動かすのではなくて、ゆったりと動かすのですよ」

顔を動かす時に、ごくごくわずかに首をかしげるようにすると、さらにきれいな動作になります。

「眉はひらいて。眉間《みけん》に力をいれてはなりませんよ。おっかない目つきになるから」

私は眉間を風が通るような感覚を保つようにしています。つくりたくない「眉間の皺《しわ》」をつくらずに済むのではないかと思います。

たかが目の遣い方ひとつに、なんとうるさいことかと思われるかもしれませんが、「目は口ほどにものを言う」わけですから、やはり配慮したいものです。身についてしまえばどうということもなく、そうすることが当たり前になってくるものです。

女子の教養　三

どんなつもりで生きているか、姿勢を見ればわかります

姿勢は生き方にも影響する

表情と共に口酸《す》っぱく教え諭されたのは姿勢のことでした。「よい姿勢」と「よいお顔」は、言わばセットだったのです。

私の背が少しでも丸くなっているのを見つけると、母は「ほら」と言って、手のひらを私の肩甲骨《けんこうこつ》のあたりに当てました。あまりにも猫背になっている時は、胸と背中に手を当てて、ぐっと直すのです。三回目に注意して、それでも姿勢が悪くなると五十センチの竹

の物差しを持ち出して、腰紐で私の背中にくくりつけました。

これはこたえます。特にブラウスの下にくくられた時などは、少しでも背中が曲がると襟《えり》があたって苦しいのです。是が非でもよい姿勢を保たねばなりません。

「人生をどう受け止めてるのか、姿勢を見ればおおかたわかるんだよ。そのうち、たぶんわかるようになるだろう。わかるようになってほしいものだね」

幼いながらも「人生」という言葉の響きに、いっそう背筋を伸ばしたものでした。そして、こうも教えられたのです。

「よくない姿勢が生き方にまで影響することだってある。だから、うつむいていたらだめですよ。おまえが電柱に当たるのは、うつむいて歩くからです」

祖母は何でもお見通しでした。電柱どころか人生の壁に当たった時、うつむいていては乗り越える元気も出ません。

腰骨を立てる

森信三先生は、ことあるごとに「腰骨を立てよ」と教えられたといいます。祖母が「人生をどう受け止めているか」という一言であらわしたのに対して、森信三先生はもっと具体的でした。

腰骨を立てることは「一たん決心した以上、かならずやり抜く人間になるための最深の秘訣《ひけつ》」であり、腰骨を立てることによって「集中力と持続力が身につき、そのうえさらに判断力さえ明晰《めいせき》になる」、そればかりか「一だんと行動的になり、実践的になる」と言うのです。

森信三先生の修身を学ぶことがなければ、私は祖母がどうして姿勢にこだわり、「人生」とまで言ったか、その意味を理解することはなかったでしょう。

「何となれば、われわれ人間は、心身相即的《しんしんそうそくてき》な存在ゆえ、心をシャンとするためには、先ず体をシャンとすることから始めるほかないからです」（『女人開眼抄』森信三著　致知出版社）

実際に行ってみれば、すぐにわかります。スッキリしない、怠け心が出て仕方ない時に立ち上がって姿勢を正すと、たいていは気持ちが切り替わるものです。

明治の文豪・幸田露伴《こうだろはん》から厳しくしつけられた娘の文《あや》は、何をするにも姿勢が基本であることを教えられています。

「脊骨の押っ立った人間とはおばあさんのいうことば、脊梁骨《せきりょうこつ》を提起しろは父から聴くことば、露伴親子は脊骨が好きらしい」（『幸田文 しつけ帖』幸田文著 平凡社）

また、鍋島《なべしま》藩から旧皇族の梨本宮《なしもとのみや》に嫁《とつ》いだ梨本伊都子《いつこ》は、厳しい妃殿下《ひでんか》教育を受けた際のことを次のように述べています。

「妃殿下というものは第一に姿勢です。背筋をピンと伸し、顎を引き美しく歩かねばなりません」（『三代の天皇と私』梨本伊都子著 もんじゅ選書）

丹田に意識をおいて背筋を伸ばす

よい姿勢、腰骨を立てる、脊梁骨を提起しろ。明治の人の記録を見れば、姿勢がいかに重要視されていたかがわかります。

では具体的に「よい姿勢」とはどのような姿勢を言うのでしょう。私は次のように教えられました。

「立つ時は胸を自然に張って、すこぅし顎《あご》を引いてごらん。頭のてっぺんを吊られていると思って、すっくと背を伸ばすんです」

そして、「大事なのは丹田《たんでん》に心を落とすことだ」と祖母は言いました。丹田とはおへそから二、三センチ下のあたりで、武道でも茶道でも、あるいはヨガや気功でも、この丹田を意識し、重心を置くことが基本とされています。

つつしみ深く、さわやかな居ずまいで

すっきりと姿勢を正した姿は、端然《たんぜん》としながらも活力に溢《あふ》れている、そんな印象を与えます。元気な様子というのは誰にとっても気持ちのよいものにちがいありません。

けれど女性の場合は、元気なだけでなくひかえめになさいとも教えられました。

「女の子なんだから、立ちはだかるようなのはよくないよ。どっしりと仁王立ちしているみたいなんじゃあだめなんです。少しひかえめにしているほうがかわいいからね」

仁王立ちがだめということなので、私は仁王さまを参考に、その逆にするようにしました。つまり、足を開かない、肩を怒《いか》らせない、怖い顔をしない、腕を広げない、ということです。足はきちんと揃えて、腕は体の横に添わせれば、威張った感じになりません。

女子教育の先駆者である下田歌子《しもだうたこ》も、背中が少し反《そ》るくらいのつもりで胸を張り、それでいて、ごくわずかにうつむき加減になるよう顎をひくと、威張った感じにならない、と教えています。この立ち姿は、洋服の時でも着物の時でも、それなりに上品に映るようです。

ふだん、ひかえめにしていると、いざ仁王立ちしなければならない時に、その効力は何倍にもなります。のちほどお話しいたしますが、祖母が仁王立ちで賊《ぞく》を追い払った際、まるで別人の恐ろしさであったのです。

女子の教養　四

しゃちほこばらずにお座りなさい。よけいな力が入るときれいな居ずまいになりません

ゆったり座して崩れない

祖母は決して姿勢を崩すことはありませんでした。それでいてゆったりと座っているのです。

私は今でも祖母のようにはいきません。美しい姿勢がほんとうには身についてはいないのでしょう。立つことはまだしも、座るのが難しいのです。

「そんなにしゃちほこばって座るとくたびれるからおよしなさい。よけいな力が上半身に

かかってるから、きれいな居ずまいにならないんだよ」

私が一所懸命にお行儀よく努めていると、祖母はこう言ったものでした。かちこちになっている人が近くにいるのは、疲れるものなのです。

そして、正座をするコツはこうでした。

「おしりをどすんとおろしてはいけません。ふくらはぎの上に半紙が一枚あると思って、そのぶんを浮かせるつもりで軽く座ってごらん」

軽く座るためには、背筋がきちんと伸びていないとできません。言い換えれば、やはり姿勢ができていると、ゆったり軽く座ることができるのです。

正座には「足のしびれ」がつきものですが、対処法があります。

「足の親指は重ねておいて、もししびれてきたら、上下をそっと逆にするといいよ」

今ではお茶事《ちゃじ》でもない限り、長時間の正座というのはないかもしれません。でも、もしもある程度きちんと正座していなければならない時は、ぜひこの座り方を試してみてください。特に「しびれ」への対処法は、それなりに効果があるものです。

足の置きどころは意識の置きどころ

椅子に座る時にもちょっとしたコツがあります。

「椅子の背は飾りと思って、背中を寄りかからせないようにね。げんこつひとつぶん空けて腰かけて、立っている時と同じように胸を自然に張って顎をひいてごらん」

この座り方は、洋服の時でも着物の時でもきれいに見えます。ふだん背もたれに寄りかかっている人にとっては、最初はつらいかもしれませんが、慣れてくるとむしろ寄りかからないほうが楽に感じられます。

その際、足を揃《そろ》えることは言うまでもないことで、足を開いて座ろうものなら、「女の子なのに恥ずかしい」と、太もものあたりをパチンと叩かれたものでした。

「足の置きどころが確かな人は、だいたい何にせよ行き届いた人だね」

ついおろそかになりそうなことにも、きちんと配慮ができるという意味なのでしょう。

女子の教養　五

歩く時は上半身が揺れないように、確かな足さばきでお歩き

洋服の時は颯爽と、着物の時はおしとやかに

母に頼まれて祖母のもとへお茶を持っていく。その緊張感と言ったらありませんでした。お盆に載せたお茶がこぼれないか、つまずいてぶちまけたりしないか……。そうしてぎくしゃくと部屋にあらわれいでた私を見て、祖母は「歩き方を教えてあげよう」と言ったのでした。私の足元の危うさが心配になったのでしょう。

「上半身がぐらぐら揺れぬようになさい。丹田が定まっていない証拠です。歩く時は腰骨

を軽く押し出すのにしたがって足を前に出していく。そうすると、自然と確かな足さばきになるよ」

私は言われた通り、廊下の木目を利用して、まっすぐに足を進める練習をしました。けれど、そのうち飽きてやめてしまいました。

そして、ふだん歩いている時に、自分の見ている景色が上下左右に大きく揺れていないか注意するようにしてみました。体がぐらぐら揺れていれば景色も揺れている、ならば景色が揺れないようにすればいい、と気づいたためです。これで少しは改善できました。祖母から「ぐらぐら揺れるな」というヒントをもらっていなければ、気づくこともなかったでしょう。

また、基本は同じでも、洋服の時と着物の時とでは、歩き方が少し異なります。

「お洋服で歩く時は颯爽とお歩き」

「着物の時は足先を少し内向きにして静かにお歩きなさい」

上半身が揺れないようにすることに加え、洋服の場合と着物の場合のちがいを心得る。たったこれだけのことを意識するだけでも、歩く姿が変わります。

そして、姿勢と同様、歩き方も心のあり方を左右するのだと教えられました。
「歩き方ひとつで、元気になりもすれば憂鬱になりもする。つまらないことがあったから
と言って、足を引きずるのはおよし。そういう時こそお顔をあげて元気にお歩きよ」

女子の教養　六

何をするにも自分がどんな音をたてているか、ちゃんと聞いてごらん

グズグズしない、ドタバタしない

私は不器用なたちで、子供のころは「何をするにもドタバタうるさい」と叱られたものでした。気をつけると今度は遅くなり、「グズグズするものではありません」と叱られます。

「何でもテキパキするのがよいのであって、いくら速くてもドタバタしているというのではだめなんだよ。無駄な動作が多いからそうなるんです。グズグズするのも同じで、結局、

無駄に動いている証拠なんだよ」

茶道や弓道を習った経験から、無駄のない動作がどういうものかはわかりました。それをふだんに生かすことができてこそ、お稽古《けいこ》が身についていることになるのでしょう。

祖母はよく丹田で呼吸せよと言っていたので、何かする前にはできるだけひと呼吸置くようにしました。特に慌てている時にはたいてい呼吸が浅くなっているので、意識して呼吸を深くすることで多少なりとも無駄な動作がなくなるようです。

また、大きな音をたてないよう配慮することも大切です。

「自分がどんな音をたてているか、ちゃんと聞くようにしてごらんなさい」

足音、ドアの開け閉め、物を置く時、そして食事の時。できるだけやかましい音をたてないようにすると、それに従い所作が無駄なく美しくなるようです。

ある会社の研修会で講演させていただいた際、「椅子におかけになる動作がとても美しかった」とお褒《ほ》めいただいたことがありました。その方が「椅子をそっと持ち上げておられましたよね。どうしてですか?」と言われたのです。

なんてよく見ておられるのだろうとびっくりしながら、「床を見て瞬時に音が出そうだと判断したため椅子を引く際そっと持ち上げるようにしたのだ」とお話し申し上げました。ズズーっと引きずる音、これはあまりに見苦しいものです。

動作が美しく見えたのは着物を着ていたせいだと思いますが（それだけ着物は威力があるのです）、瞬時の配慮が心に届いたことが何より嬉しく感じられました。そして、見ている人は見ているものだとあらためて思ったものです。

指先に心を込める

家の中心にある続き間でくつろいでいる祖母を思い出す時、その佇まいと共に手先が目に浮かびます。骨張って皺ばんでいる小さな手が、なぜかきれいに見えたものでした。お茶を飲む時、私にお菓子をくれる時、手紙を読む時、そして、卓に何気なく置かれている時でも、一言で言えば気品があるのです。

手は目につきやすい体の部位であることを思えば、手の仕草に配慮するのは当然と言えるでしょう。

「ぞんざいに手を使うものではありませんよ」

「指を開きっぱなしにしないように。せっかくお膝においた手がきちんとして見えないから」

特にお茶を出す時、物を手渡す時などは、よく注意されました。

「指先に心を込めないと、お茶がおいしくなくなってしまうよ」

丁寧で美しい手の仕草でお茶を出されるのと、ただなんとなく出されたのでは、心の伝わり方が違います。そして手先にまで神経を行き届かせることが、テキパキとして無駄のない、優雅な立ち居振る舞いのコツにもなるのです。

女子の教養　七

派手に飾り立てるのは野暮ったいから おやめなさい。自信がないから 派手になるのです

婦容の徳を忘れずに

祖母は生涯、着物で通しました。その着物も、幼い目にもずいぶん地味なものでした。祖父の事業が成功し、経済的に余裕があった時でさえ、祖母は派手に着飾ることはありませんでした。武家は質実を重んじるうえ「婦容の徳」があったためでしょう。

女性の四徳のひとつである「婦容」は読んで字の如《ごと》く婦人の容姿に対するもので、「美しい容姿」ということでした。けれどそれは外見的なことではなく、むしろ心のありよう

を言うのです。心の美しさ、つまり、内面の美しさが外にあらわれて女性を美しく見せるのであって、着飾るのはむしろ忌《い》み嫌われたのです。

貝原益軒《えきけん》の女性向けの訓書『女子を教ゆる法』には次のようにあります。


心は身の主《あるじ》也。たうとぶべし。衣服は身の外にある物なり、かろし。衣服をかざりて、人にほこるは、衣服よりたうとぶべき、其心をうしな（失）へるなり。凡《およ》そ人は、其心ざま、身のふるまひをこそ、よく、いさぎよくせまほしけれ。

（心は身の主なのだから尊ばねばならない。それに対して衣服は身の外にあるものであるがゆえにそこまで重要ではない。人というのは、その心と身の振る舞いこそを潔くしなければならない）


そして、「派手な衣装を着て人に自慢するのはおろかではしたないことだ」としているのです。全く同じ意味が、祖母の教えからも読み取ることができます。

「派手に着飾るのは野暮ったいからおよしなさい。自信がないと、かえって派手に装うようなことがあるようだね」

女心をバッサリ斬られた感がありますが、服が歩いているようにしか見えない装いはおしゃれとは縁遠いものでしょう。

一方で祖母は素材や仕立てには非常にこだわりました。祖母はなかば玄人《くろうと》でしたので、ずいぶん厳しくチェックしたようです。上等な素材で仕立てのよいものは、修繕や仕立て直しをしながら長く着続けることができるので、多少値が張っても結果的に経済的です。

衣装に限らず、和装小物やバッグ、アクセサリーなど、祖母の持ち物は地味で極端に少なく、数えるほどしかありませんでした。

「いい加減なものが山ほどあるより、質のいいのが少しあるほうがいい」

「あの世に持って行くことができないものを、やたらと持つものではないからね」

ものに縛られない、心を主として生きた祖母ならではの言葉です。

女子の教養　八

いざという時の衣装はちゃんと用意しておきなさい

勝負の時は「気迫の出で立ち」で

趣向を凝《こ》らした戦国武将の甲冑《かっちゅう》は、雄々しく美々《びび》しいと同時に、「決死の時に対する気迫」を感じます。

祖母は、普段着はもっぱら丈夫で実質的であるようにとする一方で、いざという時の衣装はちゃんと揃えておくよう言いました。

心に残っているのは祖母の紋服《もんぷく》です。箪笥《たんす》の中にしまわれているのを、「どうして着ないの？」と問いかけた私に祖母は笑って答えました。

「ああ、それ。もう着ることはないだろうねえ。おまえがお嫁に行く時までは、とても生きていられないだろうしね」

その紋服には、こんなエピソードがあったのです。

祖父には放浪癖があり、時折、事業を放り出して行方をくらましてしまうことがありました。そんな時は、祖母が采配《さいはい》をとって切り抜けるわけですが、そうそう行方不明になられてはたまったものではありません。

ある時、またしても祖父がいなくなったと見るや、祖母は従業員を安心させるため「社長は今、仕入れのために出張に出ている」と告げる一方で、使用人の一人に祖父の居所を突き止めるよう指示しました。そして、祖父の行動を逐一知らせるように命じたのです。祖母は居ながらにして祖父の行動を把握できるようになりました。

「間もなく帰ってくる」とわかれば、滞在先の旅館に仕立てあがりの着物を届けさせました。着の身着のまま出ていった祖父は、ひどい格好をしているにちがいないのです。いよいよ「何時の汽車で到着」という知らせが入るや、祖母は全員に揃いの羽織を着せ、自分は紋服に身を固め、駅へと向かったのです。

上野駅のホームに、祖母を先頭にずらりと従業員が並びました。そこに列車が入ってきて、開いたドアから新品の着物を着た祖父が、目を白黒させながら降りてきたのです。

「おかえりなさいませ」

祖母がうやうやしく頭を下げると、一同、「おかえりなさいませ」と声を揃えて一礼。祖父は「うん」と言ったきり黙ってしまいました。

以来、祖父の放浪癖はぴたりとやんだのです。

祖父に恥をかかせることもなく、紋服に無言の警告を込めた祖母。この「渡り合い」は祖母の圧勝に終わりました。


ふだんはひかえめな装いを心がけていても、「この日だけは」というような時があります。そんな時の特別な衣装を、和装でも洋装でもいいので、持っていたいものだと思います。それは私たち女性の、負けない心と決意を込めた「優雅な甲冑」だからです。

第二章　礼のたしなみ

礼の最高の形態は限りなく愛に近づく

一緒にいて楽しい人、また会いたいと思う人は、まずまちがいなく礼を心得ている人です。

礼と言うと礼儀作法や礼法ばかりが思い浮かび、堅苦しいものだと思われるかもしれません。けれど、そもそも礼とは心が形となってあらわれたもの、思いやりそのもので、形式やお作法のことばかりをさすのではありません。その形やあらわれ方も時と場合によって変化するのですから、作法ばかりにとらわれると、かえって思いやりに欠けてしまうようなことにもなりかねません。

大切なのは、あくまで「心」です。無礼だとか失礼だとか言うのは、作法や形式を知らないということではなく、思いやりの感じられない言動であるということなのです。

新渡戸稲造は武士道における礼とは限りなく愛に近いものであるとさえしました。

礼の最高の形態は、ほとんど愛に近づく。それは私たちにとって敬虔《けいけん》な気持ちをもって、「礼は寛容にして慈悲深く、人を憎まず、自慢せず、高ぶらず、相手を不愉快にさせないばかりか、自己の利益を求めず、憤《いきどお》らず、恨みを抱かない」ものであるといえる。(『武士道』)
日本人の礼儀正しさが世界的に評価が高いのはよく知られるところですが、明治時代においては現在の比ではありませんでした。それも、生まれ育ちに関係なく老若男女おしなべて極めて礼儀正しい国民だという記録が実に多いのです。
大森貝塚の発掘で知られるモース博士は、「日本人が丁寧であることを物語る最も力強い事実は、最高階級から最低階級にいたる迄《まで》、すべての人人が行儀がいいということである」と述べたうえで、自分たち外国人は日本人に教える気でいたのに、「驚くことには、また残念ながら」、善徳や品性を、日本人は生まれながらにして持っているらしいとしています。さらには「私は日本人が見る我々は、我々が見る日本人よりも無限に無作法で慎みがないのであることを断乎《だんこ》として主張する」とさえ述べているのです。(『日本その日そ

の日』エドワード・S・モース著　石川欣一訳　平凡社東洋文庫）

モースがいう丁寧な行儀《ぎょうぎ》や作法とは、言わば礼法以前の「思いやりを感じる態度」のことでしょう。

そして私が祖母から教えられたのも、やはり礼法以前の礼でした。形式に則った礼法を紋服にたとえるなら、祖母の教えた礼は木綿《もめん》の普段着のようなものです。

限られた人の前や、限られた時にだけ礼儀正しくするのはなんとも寂しいことではないでしょうか。形式は形式として重んじながらも、ふだんから思いやりのあらわし方に配慮したいものです。

ここでご紹介する祖母の教えは人との交わりの基本にもなります。些末《さまつ》なことばかりですが、よりよい人間関係を結ぶうえで大切なものばかりです。

女子の教養　九

返事ひとつで人となりがわかります。どうしておざなりにできましょう

返事は「すぐ」「はっきり」「一度だけ」

呼ばれたら返事をする。これはどんな家庭でもしつけられます。返事というのは、あまりに決まり切ったことであり、当然以前の当然なのです。

ところが近ごろは必ずしもそうではないようです。ある会社の社長からこんな話を聞きました。

「地域の集まりで、名前を呼ばれて『ハイ！』と元気に返事をしたのは幼稚園児かせいぜ

い小学生まで。中高生は返事をしたとしても聞こえない。大人にいたっては返事をするそぶりさえもなかったよ」

返事がどれほど大切なものであるか理解されていないのかもしれません。それで子供の時はきちんと返事ができていたとしても、大人になるとないがしろにしてしまうのです。

「お返事はすぐするものですよ。明るくきれいな声ではっきりとね。相手に聞こえなかったら、お返事していないも同然なのだから」

祖母がこのように教えるので、母は私が小さな声で返事をすると知らんふりでした。そこで今度は大きな声で「はい！　ハイ！」などと言うと、「返事は一度だけ！」とにらまれます。祖母はもう一歩進んで、次のように教えました。

「ハイ、という、こんなに短い一言の中に、その人の全部が入っているんですよ。おばあちゃんはね、お返事を聞いただけで、たいていのことはわかってしまう。気持ちのよい人は気持ちのよいお返事をする。自分がどんな声で、どんなふうにお返事してるか、ハイ、と言ったその声を、ちゃんと聞いてごらん。そして、おかしな返事だったら、おかしな心をなおすのです」

祖母は、返事にはその時の心境ばかりか人柄や人となりまで出てしまうものだと教えたのです。

大げさなようですが、言われてみれば確かにそうです。ぐったりくたびれていたり憂鬱な時には覇気《はき》のない返事をしてしまいます。怒っている時の返事は我ながら嫌な返事です。さらには、嫌な気分を表に平気であらわしてしまう「人となり」であるというわけです。

「おかしな返事だったら、おかしな心をなおしなさい」

気持ちを切り替えろ、ということでしょう。その時の自分の気分を引きずりながら返事をすることは、相手に憂鬱という名のボールを投げるようなものです。それは日本人の心のあり方の基本である「自分より他者を優先する」ことに背《そむ》きます。相手を憂鬱にして、その結果、自分もさらに憂鬱になってしまうのです。

返事ひとつで空気が変わる

たかが返事、されど返事です。たった一言の「ハイ」という返事が相手の気分をよくも悪くもするのであれば、よい影響を与えるようと努めるに越したことはありません。明るく気持ちのよい返事が、どれだけ周囲の空気を爽やかにするかしれないのです。職場などでぜひ試していただきたいことです。

そして、なんと言っても家庭の中で行うことの大事さを思います。家族に対しては甘えがありますから、その時の気分のままにいい加減な返事をしてしまうものです。常にくたびれた返事をしていたら家庭の元気は失われるでしょう。子供に「ちゃんとお返事なさい」と教えるうえでは、母親がまず爽やかな返事のできる人でありたいものです。

「返事はおざなりにしてはならないものだからね」

祖母は相手が誰であろうと包み込むような穏やかな返事をしていました。「おばあちゃん」と呼びかけた時の、安心感に満ちた「ハイ」という返事は忘れられません。

女子の教養　十

お辞儀は心を込めてするものです。かたちだけでは伝わるものも伝わりません

お辞儀に込められたもの

戦後七十年を迎えた今年、天皇皇后両陛下がパラオのペリリュー島を慰霊に訪ねられました。両陛下が白い菊の花をたむけられ、深々とお辞儀をされたのをテレビ中継で観た時には、胸がいっぱいで目頭が熱くなりました。ほんとうに心のこもったお辞儀というのが、どれだけ心を打つものであるかわかった気がします。

「お辞儀は心を込めてするものです。かたちだけのお辞儀ほど薄ら寒いものはないんです

よ」

祖母の言葉が思い出されました。かたちだけではだめだと教えられ、そうならないように努めてきましたが、私のお辞儀はある程度の丁寧さはあっても、まだ心の込め方が足りないと痛感しました。

現在は、ハイタッチをしたり、あるいは軽く抱擁《ほうよう》し合ったり、お辞儀に代わる挨拶がいろいろあります。けれどその一方で、お辞儀の仕方は曖昧《あいまい》になってきているように思われます。

気軽な挨拶もいいものですが、やはりきちんとしたお辞儀を身につけたいものです。なぜなら日本人にとって、お辞儀は特別なものだからです。

旧長岡藩筆頭家老の娘で、結婚後は米国で暮らした杉本鉞子《えつこ》は「お辞儀は日本人の心の表現」として、次のように述べています。

お辞儀は、唯、体を曲げる動作ではありません。それには、精神的な面もあるのです。(中略)母が重々しい態度で、低いお辞儀をいたしました時、私にはそこに愛情がひしひしと感じられましたし、傍にいた人も、そのかくれた思いの深さを汲《く》むことができたと思います。（『武士の娘』杉本鉞子著　大岩美代訳　ちくま文庫）
鉞子は、感極まった時でさえ、お辞儀しかしない日本人を奇異に感じている米国人に対して、お辞儀がどれほど意味深い行為であるかを説明しようとしたのです。
また、日露戦争の従軍記者だった英国人写真家ポンティングも、夫婦がお辞儀をする様子を記録しています。

婦人たちの表情は毅然として少しも気落ちしていないように見えたが、こんなに可愛らしく心優しい人々にとって、それだけうわべを装うのはかなり難しいことであったにちがいない。別れるときは抱擁をしないでお辞儀を何度もくり返し、優しい声で何回もサヨナラを言った。（『英国人写真家の見た明治日本』ハーバート・G・ポンティング著　長岡祥三訳　講談社学術文庫）

同じく日露戦争時に若い夫婦の別れを目にしたエセル・ハワードは、「一見きわめて冷淡に見える態度は、深い感動の産物にほかならない」ということを理解しました。（『明治日本見聞録　英国家庭教師婦人の回想』エセル・ハワード著　島津久大訳　講談社学術文庫）
ハワードは妻とお辞儀と敬礼だけの「冷淡な別れ」をした海軍士官が、その直後、一人になった際、大理石のように青ざめた顔で強くむせび泣く姿を目撃してしまったのです。
これが最後になるかもしれないという時に、幾度もくり返されたお辞儀。どれほどの想いが込められていたことか、もはや感情を自由にあらわすことのできる私たち現代人には、ほんとうには理解できないのかもしれません。私はそれをとても寂しく思うのです。だからせめて、できる限り「日本人のお辞儀」を大事にしたいのです。

三つのお辞儀を基本に

現在は正座してお辞儀をすることは、ずいぶん少なくなりました。機会がないかもしれませんが、両手をつくときは「三つ指ついて」というのは間違いであることは憶えておくとよいと思います。

正しい手のつき方は、膝の少し先に両手で三角形をつくるように置くのです。理由は簡単で、三本の指しかつかないと安定せずに不自然だからです。『武士道』に、礼とは「もっとも優美でもっとも無駄のないやりかた」であると示されているように自然な動作が基本なのです。

立って行うお辞儀の基本は腰の角度が十五度、四十五度、九十度になる三つです。十五度は軽い会釈《えしゃく》で、通りや廊下ですれ違う時などに用います。目上の方にご挨拶したりお礼を申し上げたりする時は四十五度のお辞儀、神社の参拝など特別な場合は九十度です。

また、お辞儀をする際に、肘《ひじ》をほぼ直角に張って両手を前で組むようなことはしません。正しい姿勢で立つと自然と手は大腿部の真横よりやや前に垂れるものですが、そのまま上体を腰から曲げていくと、それに応じて手は大腿部をすべりながら自然と前に出ていきます。九十度のお辞儀の場合は膝頭に手のひらがつくくらいになります。上体を起こすと両手も自然ともとに戻ります。詳しくは礼法の本などを参考にしていただくとよいと思います。

祖母は実に簡単に、三つのお辞儀と共に次のように教えました。

「まちがってても頭だけ下を向けたり、顎をこっくり前に突き出すようなのもいけないよ」

たったこれだけでも、お辞儀をした時の姿がずいぶん違ってくるものです。

また、お辞儀の後も忘れてはなりません。お辞儀をして頭をあげた後こそ、心が伝わる瞬間だからです。

「お辞儀をしたと思ったらさっさといなくなる、これもよくないよ」

私はこの教えに従って、頭をあげたらあらためて相手の目を見て、わずかに頷《うなず》くようにしてからその場を離れるよう心がけています。

女子の教養　十一

悪口はおのれに向かって言うも同然。それは心を穢すことなんですよ

悪口はすべて自分に向けられる

我が家ではさほど丁寧で上品な言葉づかいをしつけられたわけではありませんでしたが、乱暴な言葉と、やたらと流行語を使うことにかんしてはよく注意されたものでした。

「言葉は心まで変えてしまうことを知ってるかい。悪い言葉を使うと、最初は少し嫌な感じがする。でも、それでもなお使っていれば、そのうちに何にも感じなくなる。気づいた時には、もう別人みたいになってしまうんだよ。いい心ばえでいようと思ったら、言葉遣

いに気をつけなさい」

悪口《あっこう》などもってのほかでした。

「昔から口は禍《わざわい》のもとって言うんだよ。おまえに限らず女の子はおしゃべりが大好きだから、口から言葉が出るに任せて、そのうちうっかり悪口《あっこう》を言ったりする。これがなんとしてもいけない。人はおのれの鏡で他人さまの悪口を言うのは、おのれに向かって言うも同然。それは心を穢《けが》すことなんですよ」

何でもしゃべる習慣を野放しにしていては、そのうち噂話《うわさ》や悪口も言うようになってしまうとみなされたのです。貝原益軒は「婦言《ふげん》」の徳を次のように述べました。

婦言とは、ことばのよきを云《いう》。いつはれる事をいわず。ことばをゑらびていひ、にげ（似気）なき悪言《あくげん》をいたさず。いふべき時いひて、ふ用なる事をいわず。人其いふ事をきらはざる也。（『養生訓・和俗童子訓』貝原益軒著　石川謙校訂　岩波文庫）

（婦言とは言葉のよいことを言う。うそ偽りを言わず、言葉を選び、ふさわしくない悪口を言わず、言うべき時に言い、不要なことは言わない。そういうものを人は好ましく思うものだ）

うそ偽りのない美しい言葉遣いで、必要な時に必要なことを言う。悪口や噂話をしない。おのずから気品を感じさせる女性というのは、今も昔もさほど変わることはないでしょう。

言いつけや言づけに対しては、まずは「ハイ」と答えなさい

まず肯定。交渉はそれから

祖母や両親からの言いつけに対する返事は「ハイ」しかありませんでした。兄や姉でも同じです。我が家では上下関係がそれくらいはっきりしていました。

ただし、自分の意見が言えないわけではありません。むしろ、自分の考えはきちんと相手に伝えるように教えられました。そのためにも「ハイ」と受け入れることが肝心だとされたのです。

たとえば、学校から帰って母から手伝いを言いつけられたとします。「ハイ」と言って何もなければすぐにとりかかります。けれど、時にはあまりにたくさん宿題が出ているというようなこともあります。そういう時は、「ハイ」と答えた後で、「宿題が今日は多いので、それが終わった後でもいい？」とお伺いを立てます。私の言っていることに筋が通っていれば、ちゃんと受け入れられました。むしろ言いたいことも言えずに、上《うわ》の空で嫌々言われたことをしていると、そのほうが叱られたものです。

言われたことや相手の意見をまず肯定することによって、相手に自分の意見を受け入れてもらいやすくなるようです。

人は誰でも肯定されたいものです。「ハイ」と気持ちのよい返事がかえってくれば、肯定されたいという気持ちが満たされ心にゆとりができます。そのゆとりが相手の話に耳を傾ける余裕につながるのではないでしょうか。

まず肯定し、それから交渉する。この順序を守ることが他者との間に余計な摩擦を起こさない結果につながります。

武士道の「孝」と婦道の「婦徳」

「目上の人には敬意を、目下の人には思いやりを持つものですよ」

祖母は折に触れこのように言いましたが、これは武士道の「孝（親孝行。目上の人への尊敬）」と「悌（弱い立場をいたわる）」にあたります。

「ハイ」と返事をすることで、目上の人に対する敬意もはぐくまれました。また、素直で従順であることは婦道の「婦徳」にもあたります。何でも肯定的に捉え、受け入れることは、女性ならではの心の強さやしなやかさにつうじていくのです。

幼い私の言い分は、「悌」の徳によって、より配慮してもらえました。そのため目上の人に対しても、臆することなく自分の意見を伝えるのが習慣となりました。


日本人は身分の高い人物の前に出た時でさえめったに物怖じすることのない国民で（中略）青少年に地位と年齢を尊ぶことが教えられる一方、自己の尊厳を主張することも教えられているのである。（『江戸幕末滞在記』）

日本人は自分の意見をはっきり言わないとされますが、必ずしもそうではなかったのでしょう。この記録を読んだ時、小学生のころの通信簿に「物怖《ものお》じしない性格で誰に対しても意見をはっきり言う」と書かれていたことを思い出しました。褒められているのか、そうでないのかは、よくわかりませんでした。

女子の教養　十三

目下の人には丁寧になさい。横柄な態度は絶対なりません

最初で最後の叱責

しつけにかんしての叱り役を担っていたのはもっぱら母で、父や祖母が厳しく私を叱りつけるということは滅多にありませんでした。つまり、父や祖母が出てくるというのは、よほどのことなのです。私は祖母から直々《じきじき》にお叱りを受けたことがありました。

それはたった一度きりの、最初で最後の叱責でした。それだけに深く心に残り、今も思い出すとその時の心の痛みが蘇って、我が身を恥じる思いです。

ある程度ものの分別がつき始めると同時に自我が強くなりだす九歳の時のことでした。庭で遊んでいた私は、お掃除にやってきたお手伝いさんに対して、非常に生意気な言い方で言ったのです。

「今ここで遊んでいるんだから、お掃除は後にしてよ」

私の声が聞こえたのでしょう。ほどなく母がやってきて祖母の部屋に行くようにと告げました。「しまった」という後悔の念が噴き出しましたが後の祭りです。すぐに飛んで行って祖母の前で正座しました。

「あの者はおまえが生まれる前からずうっとうちのことをいろいろやってくれているんですよ。おばあちゃんはとても感謝しているんです」

祖母の声はとても静かでした。

「立場の弱い者に対して強く出るのは卑怯で恥ずかしいことだと昔から言われている。おまえも横柄《おうへい》な態度をとったりしたら、絶対になりませんよ」

何を言われているのか、すぐにわかりました。年齢はお手伝いさんのほうが上でも、私に対して注意できる立場にはありません。そうである以上、私のほうが譲らねばならないのです。

九歳の子供にそんなことまでわかるわけがないと言われればそれまでですが、我が家ではそうした意味での「子供扱い」はなかったのです。教え方は子供に対するものであっても、教える内容は大人と同じでした。

私は恥ずかしさで顔を真っ赤にしながら退出し、お手伝いさんに謝りました。お手伝いさんは笑っていましたが、私はとても笑えませんでした。

前出のスエンソンは、日本における主従関係を次のように語っています。


日本の上層階級は下層の人々を大変大事に扱う。最下層の召使が主人に厳しい扱いを受けたなどという例を耳にすることさえ稀である。主人と召使の間には通常、友好的で親密な関係が成り立っており、これは西洋自由諸国にあってはまず未知の関係といってよい。

(『江戸幕末滞在記』)


西洋人が「自分の国においては未知の関係」だと驚くほど日本の主従は信頼関係にあり、

その関係を可能にしたのは「忠」「孝」「悌」の徳であり、さらには、「廉恥」や「名誉」の徳が支えたのです。つまり、「弱い者をいじめるなどという、人として恥ずべき行いをして名を汚すようなことをするな」ということです。

昨今、いじめの問題はますます深刻化し、女性や子供、お年寄りなど弱い立場であればあるほど犯罪の犠牲になるような世の中になってしまいました。それがいかに人として恥ずかしいことか、こうした教えはもう一度取り戻さねばならないと思います。

女子の教養　十四

一緒にお膳を囲むのが楽しみな人を、箸美人と言うのですよ

箸美人は喜ばれる

当時の我が家は都市部としてはめずらしい大家族で、家の中心に祖母の部屋があり、その向こうに叔父家族四人、反対側に私の家族五人が暮らしていました。

けれど、全員が揃って食事をするのはお祝いごとくらいのもので、ふだんはそれぞれ別々でした。叔父家族にも私の家族のほうにもそれぞれ台所と食事部屋があり、祖母は座敷で食事をとることになっていたのです。

いざ祖母と一緒に食事をする際きちんとできるよう、母は食事のたびにあれこれ言うのでした。もっとも、お作法などというものではなく、お茶碗の持ち方やお箸の使い方など基本的なことばかりです。

食事をするにも騒々しく音をたてたり、おかずを汚なくつつき散らしたり、御飯をたべ残し、お茶をのみ残すことのないよう、漬物にお醬油をかけるにもザブザブでたらめにぶっかけるようなことをせず、最後の一と切れでお皿をふきとるようにし、食べたあとがキチンときれいになっていて、始末のしよいようにするというこまかな点まで習慣づけられます。

これは『武家の女性』(山川菊栄著　岩波文庫)の中で語られた食事についてのしつけです。私が教えられたのもだいたい似たようなものでした。
食事中は、できるだけ音をたてないこと。器をがちゃがちゃさせたり、大きな音をたてておみおつけをすすったりするのはだめで、ものを嚙むときもなるべく静かにします。おこうこなど、ほんとうはパリパリ高らかな音をたてて食べたいところですが「うるさいからおやめなさい」と言われます。そして「お口を閉じて静かに噛みなさい」と注意されるのでした。

出されたものは文句を言わずにさっさといただきます。これはおいしいうちにいただくというつくってくれた人への配慮で、残すなどもってのほかでした。また、一口も食べないうちからお醤油などをかけてもいけません。お料理した人はいろいろ考えて味つけしているのであり、まずはそれを味わうこと。そのうえでどうしても物足りなければ調味料を使います。さすがにお漬け物の最後の一かけでお醤油をきれいにぬぐうまではいきませんでしたが、それでも無駄に使うのは「お醤油を粗末にするとばちがあたるのよ」とたしなめられました。箸の持ち方は母が手取り足取り教えてくれるのですが、なかなか身につかず、上手に使えないために食べこぼし、食べることそのものも遅くなりました。

時折「おばあちゃんのお部屋で御飯を一緒にいただいてもいい？」と聞いても、そんなお行儀では絶対にだめだと言われたものです。

私はがっかりしながら祖母のもとへ行きました。

「一緒にお膳を囲むのが楽しみな人を箸美人と言ってね。お行儀は大事だけれど、堅苦しかったらつまらない。おいしそうに嬉しそうにいただく人というのは、いいものだね」

そして、おままごと遊びでお箸の練習をするといいよ、と教えてくれるのでした。

失われつつある箸の文化

ちなみに、先に紹介した『武家の女性』の食事のしつけは男子に対するものです。江戸時代、武家の子息は女子にも増して礼儀作法を厳しくしつけられたのです。現代は「男の子だから」と食事のしつけが甘くなったようですが、「箸美人」は男子でも女子でも大切なことではないでしょうか。特に日本特有の箸の文化が失われつつあると知って以来、その思いは強くなりました。

もう十年余りも前のことです。ある季刊誌の取材で二十年来お箸の研究をされている先生にお目にかかりました。

アジアにはお箸を使う国がいくつかあるものの、スプーンなどを使わず、ただ一膳のお箸で食事を完結するのは我が国だけであり、同じ箸といえども日本における箸の文化は固有のものだそうです。

にもかかわらず、先生の調査によれば、正しく箸を持てるのは平成九年の時点で小学校低学年でわずかに約一割、中高生では約二割という驚くべき少なさ。五十歳代以上でようやく増えて、それでも六割程度にしかなりません。

「このままでは、まともに箸を使えない日本人になってしまいます」という言葉は、真に迫るものがありました。

平成九年といえば、もう十八年も前になります。当時の小学校一年生は現在二十四歳、高校三年生なら三十六歳になっています。この年齢なら結婚し、子供がいる場合もあるでしょう。調査の時点でわずか二割しか正しく持てなかったこの年代が、きちんと子供に箸のしつけができているのかどうか心配になります。

しかし、私も人のことが言えるほどではありません。日本人として美しく箸を使えるよう、そして、一緒に食事をして喜ばれる「箸美人」を目指して、常に努力したいと思います。

女子の教養　十五

とらわれすぎると無礼になる。真心なくして礼などありえません

一流の礼とは……

お箸で器を引き寄せる「寄せ箸」、器の中を探る「さぐり箸」、どのお料理にしようか迷う「迷い箸」、器の上に載せる「渡し箸」など、お箸を使う際のタブーがいくつかあります。お箸だけに限りません。お碗《わん》の持ち方、どのお料理から食べるか、ナイフやフォークの時はどうするか……今や海外のマナーも心得なければならない時代ですから、それはもうたいへんです。

けれど、こうも教えられました。

「お作法は大事だけれど、とらわれすぎるとかえって無礼なことにもなりかねないよ。真心なくして礼儀などないものだからね」

お友だちとおやつをいただいていて、「○○ちゃん、お行儀《ぎょうぎ》悪い」などと偉そうなことを私が言ったのを、祖母はちゃんと聞いていたのでしょう。

明治維新後まもなく、西郷隆盛が明治天皇を囲んでの晩餐会《ばんさんかい》で、「自分は薩摩の芋侍でマナーの心得がありません」と言うやスープ皿を両手でつかんで一気に飲み干したという有名なエピソードがあります。

真っ白なテーブルクロスがかかったテーブル、西洋料理にワイン、何本も並んだカトラリー。居並《いなら》んだ武士たちにとって、初めて目にするものばかりでしたでしょう。しかも、明治天皇との晩餐の席なのです。緊張で固まって当然です。

このままではお葬式のような晩餐会になる。それこそ陛下に失礼だ。西郷さんは、座がしらけるのを案じたに違いありません。

一見、無礼な西郷さんの振る舞いは、実は超一流のマナーであったと言うべきでしょう。

西郷さんがスープを飲み干した後は、座は大いに盛り上がり明治天皇はこのうえなくご機嫌にあらせられたからです。『武士道』にも「真実と誠実がなければ、礼は茶番であり芝居である」とあり、やはり他者への思いやりが基本になるのです。

我が家の無礼講

文字通り箸の上げ下ろしにもやかましい家でしたが、年に何度かお祝い事の時は、たいていのことは許されました。お正月やお盆、お節句、祖母のお誕生日などには、祖母を囲んで親族がうち揃い、飲めや歌えの大騒ぎをしたのです。それは実に楽しいひと時でした。特にお正月の賑《にぎ》やかさと言ったらありません。

元旦の朝、清廉《せいれん》な空気の中におせち料理の匂いが漂い始めます。

続き間の襖をすっかり取り払って、上座《かみざ》に祖母、その次に伯父と父というように、座は年齢の順でした。お正月なので一張羅《いっちょうら》を着ます。母はきれいな藤色の江戸小紋《こもん》のうえから割烹着《かっぽうぎ》をつけて、おせちのお支度に忙しそうでした。

準備ができると、まずはお屠蘇《とそ》です。伯父が亡き祖父にかわって新年の挨拶をした後で、下座からお屠蘇の杯がまわされます。年若い順から杯がまわされるのは、そうすることによって若い命のエネルギーが年嵩《としかさ》の者に行き渡ると考えられていたからです。

それは少しの緊張を伴う、心あらたまる厳かな時間でした。最後に祖母が杯を置くと、誰もがなんとなくほっとしたものです。

ここからはもう無礼講。ふだんうるさいお行儀も、この日ばかりは大目に見てもらえます。祖母と一緒にお膳を囲める嬉しさは格別でした。

午後には嫁いだ二人の伯母がそれぞれ家族を伴いやってきて、二日からはお客さまもお見えになりました。三が日を過ぎると、お手伝いさんも戻ってきて大騒ぎ、朝から晩まで笑い声が絶えません。ようやく静けさを取り戻すのは、七草が過ぎてからでした。

祖母はこうした季節のお祝いごとをとても大切にしていました。

お行儀などそっちのけで楽しむハレの日は、祖母との距離を縮める日であり、親族の絆が深まる日だったからです。

女子の教養　十六

どんなに悲しくたって、人前で泣いてはいけないよ。女の子なんだから

女の涙は卑怯な武器

子供の頃、泣くと必ず叱られました。「泣くんじゃありません」と母からきつく言われた時は、つらくてたまりませんでした。どうしてもしゃくりあげるのを止めることができないと、「泣き止むまでお部屋にいなさい」と言われました。

「泣いてすませるのは卑怯者の振る舞いなんですよ。どんなに悲しくったって、人前ではどうしても泣いてはなりません」

「自分個人の悲しみで周囲を振り回してはいけないよ。それはとっても失礼なことなんだと、よく心に留めおきなさいね」

泣くことに関しては、祖母も穏やかな言葉の中に厳しさを込めていたものです。

なんとひどいしつけかと思われることでしょう。こんなことでは心がひねくれてしまうのではないかとさえ思われるかもしれません。けれど女性の涙というのは男性の涙よりもずっと影響力のあるものです。女性が泣き出せば周囲の誰もが「何があったのだろう」と心を乱されます。だからこそ「女の子は泣いてはいけない」のです。

武家の女性は幼いころから泣くことを戒められました。杉本鉞子は父を失った際、「私は白（注・犬の名）のあらい毛の中に手を埋めながら、武士の娘は泣いてはならない、という意味の言葉を思い出そうと、一所懸命努めたものでございました」（『武士の娘』）と語っています。

この教えは、やがては庶民にまで広まりました。

幼い頃から、義務として身につけさせられた微笑は、じきに本能とみまがうばかりになってしまう。最下層の小作人ですら、内面的な悲しみや、苦痛や怒りを表情に表すことは、滅多に有益でなく、大抵は相手に悪印象を与えるだけだと心得ている。（『新編　日本の面影』ラフカディオ・ハーン著　池田雅之訳　角川ソフィア文庫）
だからこそ、「たとえ心臓が破れそうになっていてさえ、凛《りん》とした笑顔を崩さない」（同）のです。
この教えが明治女性に浸透していたことをあらわすものに、女優の沢村貞子さんの証言があります。明治生まれの浅草女を自負《じふ》していた沢村さんは、幼い頃から母親に「女の子は泣いちゃいけないよ、なんでもじっと我慢しなけりゃ……」とたしなめられ、その理由を「泣いてると、ご飯の仕度がおそくなるからさ」と教えられたといいます。（『私の浅草』沢村貞子著　暮しの手帖社）
いかにも浅草女らしい飾らない教え方ですが、悲しみの涙で周りを振り回さないことは日本女性の美徳であったのです。
このようなしつけを受けていたため、初めて「涙は女の武器」と聞いた時には、たいへん驚きました。そして、「もしそうだとしたら、ずいぶん卑怯な武器だ」と思ったものです。

いわゆる「泣き落とし」だけはしたくないと思います。その時は思い通りになるかもしれませんが、品性は格段に落ちることでしょう。

女子の教養　十七

泣きたくなったら背中をしゃんと伸ばしてお空を見てごらん

人のために流す涙は尊い

泣いてはいけないと教えられますから、私はどうしても涙が出るうちは一人で泣きました。そういう時は家族の誰もが放っておいてくれたものです。さんざん泣くと泣いていることに飽きてきて、どうしてあんなに悲しかったのだろう？　などとさえ思えるようになりました。

落ち着いてから祖母の部屋へ行くと、祖母は棚から菓子箱をとり、和三盆《わさんぼん》を出して私にくれました。美しい花や小鳥をかたどった和三盆は、口に入れるとほろほろ溶けてやさしい甘さが広がります。それは、さりげない祖母の慰めなのでした。

「泣きたくなったら、背中をしゃんと伸ばしてお空を見てごらん。辛抱《しんぼう》してこそ、強い心が育つのですよ」

今だからわかります。一人で泣いていたり、泣くのを必死で我慢する私を見るのは、むしろ祖母のほうが辛かったでしょう。私も同じように「泣いてはいけない」と厳しく子供をしつけましたが、必死で辛抱する子を見るのは、かわいそうでたまらないものです。

泣くことを我慢した経験があると、人の涙に対しては人一倍同情心をかられるようになります。涙が抑えようもなく流れてしまうのはよほどのことに違いないと、頭で考えるより先に心が激しく揺れ動いてしまうのです。


想像してみるがよい。少年、そして少女も、自分の感情を抑えきれずに涙を流したり、苦しみのうめきを外に表さないように教育された場合、このような努力は彼らの神経を鈍くしてしまうのだろうか、それとも一層、敏感にするのだろうか。これは生理学上の問題である。（『武士道』）
武士道における「惻隠《そくいん》の情（相手を哀れむ気持ち）」は、自己抑制によって磨かれるのかもしれません。そして、人のために流す涙は、むしろ美しいものとして尊ばれたのです。
泣いてはいけないとしつけられた私は人一倍泣き虫です。ただし、私が泣くのは、誰かが気の毒であったり、人の心や神仏のありがたさに触れた時などです。近ごろはごく些細《ささい》なことにも感動して目が潤《うる》んでしまいます。『武士道』にある通り、敏感になったせいでしょう。

長男を見送った祖母

祖母の部屋には祖父と、祖母の長男の遺影がありました。

祖母は最愛の長男を大東亜戦争で失っています。数え二十九歳、若き伯父の軍服姿は幼い目にも凛々《りり》しく立派でした。賢く秀麗な伯父は名を芳輝といい、祖父母自慢の嫡男《ちゃくなん》だったのです。

芳輝は騎兵隊として中国に進軍したものの、負傷により帰国しました。胸に深い傷を負い、左手の指四本を失いましたが、しばらく養生すると職場に戻り、函館で勤務しました。もはや戦争に行くこともない、年齢も年齢だと、祖父母は急ぎ結婚相手を探しました。ところが戦争も末期的な様相を帯びてきた昭和二十年三月、再び召集令状が届いたのです。配属は仙台師団でした。

さまざまな事情が重なり、祖母が芳輝の召集を知ったのは、出征日の三日前。祖母は大急ぎで仙台へ向けて発《た》ちました。

汽車を乗り継ぎ、到着したのは出征前日です。芳輝は祖母との面会を特別に許され、母子は旅館で別れの時を過ごすことになりました。

親子水入らずでお酒を酌《く》み交わしながら、二人は何を話したでしょう。きっとどうということもない会話であったろうと想像します。

翌日、芳輝は輸送船に乗りましたが、出航してほどなく爆撃を受けてしまいました。

芳輝は助かりませんでした。生き残った人の話では、芳輝は周囲の人を先に救命ボートに乗せていたということです。大けがをした後でもあり、もはや自分は助からないと考えたのかもしれません。

三月の仙台は、まだ雪がちらつくほどの寒さです。芳輝を呑み込んだ海は、氷のような冷たさだったでしょう。そして波止場《はとば》では、寒風に耐えながら祖母が佇んでいたのです。

葬儀は東京で行われました。芳輝は海深く沈んだまま行方知れずです。空の骨壷《こつつぼ》を抱く祖母の悲しみは海にも勝る深さだったにちがいありません。

けれど祖母は涙ひとつみせず、毅然として息子の魂を見送りました。蒼白になりながらも胸を張る姿には、どんな運命でも受け入れながら強く生きようとする決意が、さらには家に大事があった時には、いつでも自分が一家を支える気概が込められていたのです。


日本人にとって落ち着いた行動、静かなる心は、いかなる情熱によっても乱されることがあってはならなかった。(『武士道』)

そう遠くない昔、少なくとも戦後しばらくは、このような日本女性の姿が見られたのです。肉親の死に際しても涙を見せない、それほどまでに礼を重んじるなどというのは、もはや理解できないことかもしれません。そこまでする必要もないでしょう。
しかし、極限状態にあってなお自分より他者を優先しようとする心は、実は今も受け継がれているのです。東北を大震災と大津波が襲った時、どこの避難所にも互いをいたわり合う姿がありました。

武士道は独立した道徳体系の掟《おきて》としては消え去るであろう。だが、その力はこの地上から滅び去るとは思えない。（『武士道』）

私たちは誰もがサムライの娘としての種を抱いているのです。

第三章　素行のたしなみ

いかによい習慣を身につけるか

素行《そこう》とは、平素の行いを意味します。

祖母はよく言ったものでした。

「ふだんの行いにこそ心根があらわれるものだよ」

心根とは心の奥底、その人の真の心です。

「考える以前の振る舞いにこそ人となりが出る。真の姿はさもないことにあらわれるのだと憶えておきなさい。よそさまの前で取り繕っているつもりでも、身についてないこと、心が伴っていないことは、見る人が見ればわかるものですよ」

人間は人と人との関係の中で生きるため、江戸時代は「人間」を「じんかん」と読ませたといいます。日々、家族や同僚、友人や仲間とさまざまなやりとりをしているわけですが、時に相手の何気ない言動が気になったり、何とはなしに嫌な感じを抱いてしまうことがあります。ただ、些細なことですから、たいていは水に流しています。

それでも「なんとなく嫌な思いをした」という感覚は、心のどこかに残るものではないでしょうか。そうした「些細な印象の積み重ね」が、いつしか「あの人はこういう人」という評価としてあらわれることもあるかもしれません。「仕事はできるかもしれないんだけど、人間的にはどうかな」などと言われるのは、最も残念なことです。

心をシャンとさせるには背筋をシャンと伸ばせばよいのと同じで、よい心根は、よい行いを習慣づけることによってはぐくまれます。第一章の「表情・姿勢・挙措」や第二章の「礼」にも通じることですが、素行のたしなみがあるかないかによって、人間関係は全く違ったものとなるでしょう。

大切なのは、「人にどう見られるか」ではなく「自分がどうあるべきか」を基準にすることです。人にどう見られるかということに基準を置くと、人が見ていないところでの素行に配慮するのが難しくなるからです。

『論語』に「古《いにし》えの学者は己れの為めにし、今の学者は人の為めにす」という言葉があります。「昔の人は自分の修養のために学んだが、このごろの人は人に知られたいために学んでいる」という意味です。素行のたしなみも自分自身の修養として身につけてこそ、何気ない瞬間に人となりとなってあらわれるのです。

もうひとつ、大切なことがあります。それは徹底して「自分はどうあるべきか」にこだわり、人には「こうあるべき」と求めないことです。なぜなら、「どうあるべきか」は自分自身で決めることだからです。相手も自分のあり方は自分で決めればいいわけで、そこに介入すべきではありません。心ある人であれば、あえて言葉にせずとも、こちらの行いから何かを感じて自然と我が身のあり方にも思いを馳せることでしょう。

孔子はこうも教えています。

「其の身を正しくすること能《あた》わざれば、人を正しくすることを如何《いかん》せん」（我が身を正しくすることができずして、どうして人を正すことなどできようか）。（『論語』）

人は皆、おのれの鏡です。

思いやりのある美しい素行を習慣にすることによって、周囲の人との関係が気持ちのよいものとなり、ひいては縁する人までも変わっていくことでしょう。

女子の教養　十八

言われたことはすぐなさい。すぐ取りかかる姿勢は気持ちのよいものです

幼いころから家事のしつけ

家事のしつけは五歳ごろから始まりました。自分のことは自分でするよう心がけるのと同時に家族のためにできることをするのです。

手伝いは嫌なことではなく、むしろ少しは一人前に近づいたような気がして嬉々としてやりました。一見お利口なようですが、あくまでおままごとの延長のような感覚です。おもちゃではなく「本物のおままごと」をさせてもらえるわけですから、嬉しくないわけが

ありません。

貝原益軒の『女子を教ゆる法』には「女子には、はやく女功《じょこう》をおしゆべし。女功とは、をりぬひ、うみつむぎ、すすぎあらひ、又は食をととのふるわざを云《いう》」とあり、幼少から手伝いをさせることの大切さを説いています。

女功とは家事のことで、この教えは「婦功」の徳にあたります。「をりぬひ（織り縫い）」「うみつむぎ（績《う》み紡ぎ）」とは、蚕《かいこ》を育てたり麻を栽培して糸を紡ぎ、織って反物《たんもの》にしてから着物や布団を縫うことを言います。

かつては布製品のほとんどが主婦の手によって仕立てられていました。そのため家事の中でも、とりわけ重要とされていたのです。江戸時代は着物はもとよりお布団を縫い上げることができるようになって初めて、お嫁入りの資格ありと認められたのです。

織ったり縫ったりする必要がなくなった現代では、掃除・洗濯・炊事が家事の基本です。母は私の成長に合わせながら教えてくれたものでした。最初はお膳を拭くくらいだったのが、食器をお片付けしたり、お玄関やお庭のお掃除を言いつかったりするようになりました。初めて包丁を持たせてもらえた時は、それは嬉しかったものですし、祖母の部屋にお膳を運ばせてもらえるようになった時には、自慢したい気持ちでした。

こうした家事のしつけによって、人の役に立つ喜びの種を植えてもらったような気がします。

「言われたらすぐする」習慣

言いつけられたら返事をして、すぐさまとりかかるのが約束です。「ピアノの練習が終わってからでもいい？」などと聞くこともありますが、ちょっとした用事の場合は、中断してでも言われたことをします。当然、遊んでいる時であれば言いつけが最優先で、すぐさま遊びをやめねばなりません。

用事を頼む時というのは、多くの場合、今してほしいと思って言うはずです。急がない時は、「後でもいい」「いつでもいい」、あるいは「いつまでに」ということが付け加えられるでしょう。

そうである以上、「言われた時」は「すべき時」なのです。

「郵便受けからお手紙をとってきてちょうだい」と頼まれ、遊ぶ手を止めすぐさま走って行った私を見て、祖母は言ったものでした。

「すぐに取りかかる姿勢は見ていて気持ちのよいものだね。気立てがよくて颯爽《さっそう》としているのは財産ですよ。子鹿のように軽やかで敏速《びんそく》でなければね」

「言われたらすぐする」という習慣は仕事に大いに役立ちました。ライター業に従事して二十年余りになりますが、締め切りに遅れたことは一度もありません。最低でも締め切りの一週間前に出すことを自分に課してきたのですが、これがたいへん喜ばれ、信頼にもつながりました。

女子の教養　十九

言われなくても自分から動く、気はしのきく人になりなさい

仕事は自分でつくるもの

「言われたらすぐする」ということが身につくと、次の段階が待っていました。ある時点から「いい加減、言われる前になさい」とたしなめられるようになったのです。

それまでさんざん教えられてきたのです。そろそろ「次にすべきは何か」ということくらい自分で判断できるだろうというわけです。

たとえば、毎日お夕飯の時間は決まっていますから、時間を見計らってテーブルの上を

片付けて、きれいに拭いておくくらいのことができないと仕方ありません。

帰宅した時に、ついでに郵便受けを見て郵便物がないかどうか調べておくとか、夕方の庭の水やりをするとか、お洗濯物がまだたたまれていなければたたむとか、少し考えればすることはいくらでもあるのです。

「一日の流れというのは同じだからね。次に何をすればいいか、おまえもそろそろわかるようになる年頃だよ。いつまでも言われてばかりいるのは恥ずかしいことだと思わないとね」

忙しい祖母に代わって家事のほとんどを担っていた伯母（祖母の長女）は、家のあれこれを仕込まれる際、いかに祖母が厳しかったかを教えてくれました。

「何も言いつけられないからといって、ぼんやりしているようでは務まりません。やることを全部やったなどと言って遊んでいるようでもいけません。仕事は自分でつくりだすものなのです。周囲をよく見て何をすれば家族が助かるか、どうすれば喜ばれるかを考えれば、何もすることがないなんてことはなくなります」

かつては子供も家にとっては大事な働き手でした。家中において一人前の役割を担うことによって責任感も育ったことでしょう。

「自分の考えでもって自分から動ける人におなり。気はしのきく人におなりなさい。それは必ず役に立つはずだよ。家事でも仕事でも、おんなじだからね」

仕事のできる人というのは、どんな些細なことにもチャンスを見出すといわれています。気はしがきくことは瞬時の機会を生かせる人でもあるのでしょう。

女子の教養　二十

話は全身で聞くものです。耳だけでは声を聞いたにすぎませぬ

聞き上手は喜ばれる

「人の話を聞く時は相手の目を見なさい」とはよく言われることです。けれど祖母は「話は全身で聞きなさい」というのでした。

相手の話に引き込まれている時は、知らず知らずのうちに体が少し前のめりになり、頷きながら聞いています。「全身で聞く」というのは、言うなればこういうことです。

と言うと、面白くもない話を夢中で聞けるわけがない、と思われることでしょう。しか

し、そんな時こそ、一歩進んで自分から真剣にならねばなりません。

「言葉だけを聞いていたら、何が言いたいのかを理解することはできません。言葉に込められた真心を、ちゃんと受け取るようにしないとね」

誰でも相手に理解してほしいと思うものです。わかってほしいと思うあまり、かえってわかりにくくなってしまうこともあるでしょう。伝えたいことをうまく伝えられず、当の本人が困惑してしまうことは少なくありません。

祖母が「真心をちゃんと受け取りなさい」と教えたのは、相手の立場に立って、寄り添う気持ちで聞きなさい、ということです。感受性と経験と知識を総動員して、その話のどこにおもしろみが隠れているのかを見つけようとするのです。すると不思議なもので、結果的に真剣に聞けるようになります。

それが真心となって相手に伝わります。真剣に聞いてくれている、親身になってくれていると感じた時は、話すほうも心を込めて一所懸命に話します。ここに心の通《かよ》い合いが生まれるのです。

人の話は心で聞き、心で受け入れてこそ

祖母はたいへん聞き上手でした。どんなことでも感心しながら聞いてくれるので、私は自分がたいへん高度な話をしているように感じたものです。

祖母の様子がうわべだけのものであったとは思えません。本当に興味と関心を持ってくれていたに違いないのです。

仕事で起業家や経済界のトップの方々にインタビューしたり、個人的にもおつきあいする中で気づいたことがあります。人の上に立つような方々には、相手をくつろがせてしまう雰囲気があります。何でも気さくにお話しくださり、また、こちらの話に対しても、身を乗り出し目を輝かせながら楽しそうに聞いてくださるという共通点もありました。

その姿は、「実るほど頭を垂るる稲穂かな」という言葉そのものです。どれほど年を重ねようと子供のような新鮮な心を失わない「生き生きとした魂」も感じました。きっと、どちらも厳しい競争社会を切り抜けていくために必要な要素なのでしょう。

どんな相手にも寄り添う心、どんなことにも興味を抱き続ける新鮮な心を持ちたいもの

です。

「言葉だけ聞いていたら、何が言いたいのかを理解することはできません。大事なことは何でも、目に見えるものや耳に聞こえるものの向こう側にあるものですよ」

話は心で聞き、心で受け止めてこそ、自分自身の糧となるのでしょう。

女子の教養　二十一

「でも」と「だって」は言わないこと。言い訳するほど品性が下がるものですよ

言い訳無用の親心

我が家では「でも」と「だって」は禁句でした。

「でも」「だって」という言葉が私の口から出た瞬間、誰も話を聞いてくれません。母はすぐさま「でももだってもありません」と私の口を封じます。行わなかったのは他でもない自分自身であるのに、それを棚に上げて、責められたことに対して不平不満を言っているようなものだからです。

「一度すると決めたことについて、ああでもないこうでもないと言うものではないんだよ。ましてすると言ってできなかったことに、でもだってもないからね。そういう態度は弱腰といってね、おのれの弱さをごまかすために口を動かしているにすぎないのですよ」

武士道は知行合一・言行一致を重んじます。言ったことを行うのは当たり前なのです。もちろん、それは並たいていなことではありません。だからこそ幼いころから、「言ったことはする」「しなかったことに言い訳をしない」ということを徹底して教え込まねばならないのです。

口ではいろいろ言いながら行動が伴わない人は誰からも信頼されません。すぐに「でも」「だって」と言い訳する人は、結果的に敬遠されてしまうでしょう。

「言い訳するほど品性は落ちていくものですよ。言い訳というのは自分の言葉や行いに責任を持とうとしない、不誠実な行為です。いくらうわべをよく見せていようとも、心に誠のない者は品が感じられないものだよ」

必要なのは言い訳ではなく説明

ただし、言い訳は通用せずとも説明することはできました。むしろ、「なぜできなかったのか」「しなかったのか」ということに対する説明は必要だったのです。

「どうしてなのか、ちゃんとわかるようにお話しすれば、聞いてもらえないことなんてないんですよ。誰だってできないことはあるんだから。おばあちゃんだってできないことはたくさんあるんだよ」

言い訳が自分本位で保身の行為であるのに対して、説明は相手を重んじる行為となります。できていなければ、頼んだ人は困るのです。できなかったのであれば、それはそれで仕方がないとして、なぜできなかったのかということについて何の説明もなかったら、次の手が打てません。

たとえば、発注した商品が届かなかったとします。運搬の際に事故に遭うこともあるでしょう。仕上がってきた商品に不具合が見つかったということもあります。なぜ届かなかったのか具体的な説明がきちんと行われたなら、次回は万が一に備えて前倒しで発注するなど、対処することが可能になります。

母親からの言いつけを守れなかった理由を、私はなんとか説明するようにしました。たいていは怠けたり忘れたりしてできなかったわけですから、謝るほかありませんでしたが……。

それでも「言い訳しない」という習慣は身につきました。そして、達成するためにはどうすればいいのかを考えるようにもなりました。厳しいしつけでしたが、言い訳無用はやはり「ありがたい親心」だったのです。

ところで、説明する前に必要なことがあります。それは、謝ることです。これについては次項でお話しいたしましょう。

女子の教養　二十二

ごめんなさいが言えない時こそ勇気と素直な心が本物であるか問われているのです

お詫びは「すぐ」「潔く」「心から」

何にでも失敗はつきものです。子供は「おいた」をするものです。

私は実にできの悪い子供で、「こんなこと言われなくてもわかるだろう」というようなことをしでかして周囲の大人を困らせたものでした。

たとえば、飼っていた犬を二度も逃がしてしまったことがあります。二度目には「あんなに叱られたのに、またしてもやってしまった」という恐怖におののいたものでした。けれど時すでに遅し、犬は喜び勇《いさ》んで垣根をくぐり抜け、もう後ろ姿さえ見えません。

私は怖くて母に言うことができず、もじもじしながら祖母の部屋へ行きました。そして、遊んでいて犬を外に逃がしてしまったことを祖母に告げたのです。

祖母はいつもどおりの穏やかな表情で言いました。

「お母さんに、すぐにお謝り。先延ばしにすればするほど謝りにくくなるものだよ。ことはどんどんややこしくなる。お詫びは、すぐ、潔く、心から、するのです」

けれど、謝ったところで思い切り叱られることは火を見るよりも明らかです。恐ろしくて、悪いとわかっていても謝ることができません。

祖母はそれは勇気のない、恥ずかしいことだと教えました。

「ごめんなさいが言えない時こそ、おまえの勇気と素直な心が本物であるか問われているのですよ。勇気なんて出せないと思っても、エイと振り絞るのです。素直に非を認めて心から謝ってごらん。すがすがしい気持ちになるから」

すがすがしくなるとは、とても思えませんでした。けれど、勇気がないと言われるのは悔しく、また、恥ずかしいと言われることほどつらいことはありませんでした。それで私は、祖母の言う通り、勇気を振り絞って母に謝ったのです。

予想通り、ひどく叱られました。けれど黙っていたら事態はさらに悪化して、飼い犬がどうなっていたかしれません。母が警察に知らせてくれたため、犬はおまわりさんと一緒に無事帰ってきました。

許すことも潔く

逆にお詫びされた時はどうでしょう。やはり「すぐ」「潔く」「心から」が大切です。

幼なじみが「ごめんね」と謝っているのに、いつまでもグズグズといじけている私を見て、祖母はこう言いました。

「謝っているというのに、かわいそうだこと。すぐに許すことができないなんて、おまえはそんな意気地なしだったかねえ。潔く許せないのは勇気がない証拠なんですよ」

またしても「勇気がない」です。

なぜ許せないことが「勇気がない」ことなのでしょう。それは、自分の感情に打ち勝つことができず引きずられているからです。

「傷つけられた」「嫌な思いをさせられた」という感情に固執《こしつ》して何かよい結果が得られることは決してありません。かえって事態を悪化させ、ややこしくするばかりです。自分の悲しみにしがみつくことは、一見、自分を大事にしているようでも、その実、「自分の感情」が大事なのであって、ほんとうの意味で自分を大切にしているわけではないのです。

謝る勇気に許す勇気。どちらも相手を大切に思う心のあらわれであり、同時に自分を大切にすることでもあるのです。

女子の教養　二十三

人を責める前に、立ち止まっておのれを省みるのです

たとえ非がないと思っても謝る

素直に謝るということは、大人になってからのほうが難しくなるようです。思考も感受性も複雑になるためでしょう。自我が強くなる分、素直になるのも難しくなります。

何かを行う時は、誰でもよかれと思ってするものです。ところが、それが人から責められるような結果を導き出してしまうこともあります。そんな時まず思うことは「悪気はなかった」ということでしょう。

「私はこういうつもりだった」

「そんな言い方しなくてもいいでしょう?」

素直に謝ることができなかった時に、私の口から出た言葉です。向かっていけば、相手もこちらに向かってきます。そして、さらなる防衛のために攻撃が始まることさえめずらしくありません。「だいたいあなたがこんなふうだから」と、かえって相手を責めるのです。

なんと不毛なやりとりかと思います。そしてこのようなやりとりは、家族や親しい友人など近しい関係ほど生じやすいのです。

「人を責める前に、立ち止まっておのれを省みてごらん」という祖母の言葉が思い出されました。

「人を責めるのは落とし穴にはまるようなもの。事態はさらに悪化します。争いが起きた時点で、どこか自分にも非があるのだと心得て、どんな些細なことでもいいから、いけなかったところを見つける努力をなさい。非の打ち所がないなんてことはありえないけれど、もしもほんとうに一点の非もないと思われるのであれば、そのつもりはないのに相手の気分を害してしまったことを心から詫びなさい」

そこまでへりくだらなくても、と、思うものでしょう。けれど自分を低くすることが、かえって高みに立つことなのです。

世の中のせいにすると半歩後退する

ふだんから「○○ちゃんがこう言ったから」などということは通用しませんでした。まして「ほかのおうちではこうだ」「今は誰だってこうする」などというような言いぐさは、きつく戒められました。人のせいはもちろん世の中のせいにするなということです。

「どんな時代にも正しい人の道など変わりようがないもの。自分の行ったことであるのに世の中のせいにするとは、どう考えても無責任でしかないよ。個人のことであるのに、世の中に尻ぬぐいをせよと言うのかえ?」

祖母が子育て真っ最中だったころは、子供達に厳しく諭したといいます。

私には、やんわりと「誰かのせいにしたり世の中のせいにすると半歩後退するんだよ」

と言うにとどまりました。

「世の中に尻ぬぐいさせると言うのか?」「世の中のせいにすれば半歩後退する」

我《が》を張りそうになった時には、どちらの言葉も思い出すようにしています。

女子の教養 二十四

ありがとうを言う時は真心が大事だよ

ありがたいことに気づける人に

ある美しい光景をご紹介します。

その日は隅田川の川開きでした。川開きの日には屋形船《やかたぶね》や渡し船など、たくさんの船が行き交います。心待ちにしていた人々がどっと押し寄せ、川も川縁《かわべり》もたいへんな混雑となりました。そこへ二人の外国人がやってきて渡し船に乗りました。ところがいっかな進むことができません。結局、二人はもとの岸辺に戻ったのですが、その時、彼らが目にした光景は忘れ得ぬものとなりました。

この大混雑の中でさえ、不機嫌な言葉を発する者は一人もなく只《ただ》「アリガトウ」「アリガトウ」「アリガトウ」或《あるい》は「ゴメンナサイ」だけであった。かくの如き優雅と温厚の教訓！　而《しか》も船頭達から！　何故日本人が我々を、南蛮夷狄《なんばんいてき》と呼び来たったかが、段々に判って来る。（『日本その日その日』）

モースが活写した明治日本人の姿です。

大混雑の中で譲り合う人々。しきりに「アリガトウ」と聞こえてくるのは、船頭たちが互いに譲り合う際に言っているのでしょう。時々「ゴメンナサイ」と言うのは、うっかり櫂《かい》や船がぶつかってしまったためでしょうか。モースに「自分たち西洋人のほうがよほど粗野で野蛮だ」と思わせてしまうほど、日本人は温厚で礼儀正しかったのです。

「ありがとう」と私が言うと、祖母は「はい、どういたしまして」と答えたものです。そして静かに微笑みながら、

「ありがたいことに気づける人におなり」と言うのでした。

草葉の陰にほとけさま

ありがたいことに気づくことのできる人に、とはどういうことでしょう。

かつては「人の親切に対して感謝しなさい」と言われているのだと思っていました。けれど、それだけではないということが、次第にわかってきたのです。

この日常は決して「当たり前」ではありません。思いがけない災害や事故で一瞬に失われかねないことを思えば、何ごともなくふだん通りの暮らしができているということは、実に「有難い」ことです。

このように無事に生きていられることを、日本人は神仏のご加護あってのことだと信じてきました。

庭先を眺めながら、時折、祖母は言ったものです。

「ほとけさまは草葉《くさば》の陰からいつだっておまえのことを見守ってくれているんだよ」

「ありがとうございます」と言う時、それは相手に向けた謝意であるのと同時に、神仏への感謝も込められているのでしょう。だから祖母は「ありがたいことに気づける人に」と教えたのです。

「ありがとうと言う時は、真心から言うようにね。かたちばかりのお礼では伝わらないよ」

相手に対してはもちろん、目には見えない全てのものへの感謝を込めて「ありがとう」と伝えたいものです。

ついでながら、「ありがとう」も「ごめんなさい」と同じく、「すぐ」「潔く」「心から」と教えられました。「潔く」というのは、大げさな表現より単純素朴《そぼく》でもいいから、素直に伝えなさい、ということです。心がこもってさえいれば、たった一言の「ありがとう」でも万の言葉に値するというわけです。

厳しい意見を避けるのはもったいないこと。大事なものを自分から放り出すようなものですよ

格好の学ぶ機会と心得る

厳しい意見を言われるのは、誰にとってもつらいものです。一所懸命に努力したにもかかわらず、思うような評価を得られなかった場合など、特に落胆してしまいます。

駆け出しのライターだったころは、そうしたことがたびたびありました。自分では「けっこういいライティングができた」などと思ったりしているところに、チーフから「これ、ちょっとちがうだろう」などと言われると、意外の思いにとらわれ、また気落ち

もします。そういう時には、どこがどうだめなのか説明されても、なんとなく素直に聞けませんでした。「私は一所懸命やったんだから」ということに執着していたからです。

一所懸命やったとしても結果が伴っていなければどうしようもありません。潔く認めて気持ちを切り替え、こんな時こそ我を捨て素直にならねばならないのです。

後になってみれば厳しいことを言われた時こそが、ことごとく成長の節目になっていました。

「厳しい意見を避けるのはもったいないことだよ。学ぶ機会を自分で放り出してしまっているのとおんなじなんだからね。だから、ちゃんと真心から聞くようにするのですよ」

祖母に教えられたことを思い出し、ああ、そういうことだったのか、と、私はつくづく思ったものです。先生から叱られたとか、お友達から嫌なことを言われたとか、そうしたときに教えられたことです。「ハイ」と言いながら心の奥では意固地《いこじ》になっていましたが、今では意に反することであっても、心を開いて受け入れようと努める大切さがわかります。

厳しい意見にこそ感謝を

学ぶ機会をいただいたのだと思えば、厳しい意見はありがたいものです。研磨剤《けんまざい》のようなものでもあるでしょうし、大きく転ばないための、ちょっとしたつまずきのようなものでもあるでしょう。

ふだんはやさしいピアノの先生から厳しく諭された時など、祖母は「それはよかったねえ。ありがたいこと」と言ったものです。「そこまで言わずともよいのに」という言葉を期待していた私は少なからず驚きました。

「厳しいことを言うのは、勇気のいることなんだよ。それがわかったら、厳しい意見を言ってくれた人に対して、感謝を抱かずにいられないだろう」

祖母は相手の立場に立ってごらん、逆の立場だったらどう思うか想像するようにしてごらん、と私に教えました。自分本位でい続ければ、厳しい意見は自分を否定する嫌な言葉でしかありません。けれど、相手がどんな思いでそのようなことを口にするのか、言わざるを得ないのかを想像してみれば、言葉の向こうにある思いやりに気づきます。

実際に、あえて厳しいことを人に言わねばならない事態を経験するうち、なぜ祖母が「感謝を抱かずにいられない」と教えたのかが、私にもわかるようになりました。

言わずに済ませるほうが楽ですが、それでは相手に対して不誠実になります。相手が大事な人であればあるほど、不誠実なことはできなくなるものです。つまり、厳しい意見を言ってくれる人ほど、自分のことを親身になって考えてくれる大切な人だということなのです。

悪意に対しても水のような素直さで

ただし、厳しい意見の中に悪意が込められている場合もあります。指摘そのものは正しくても、思いやりどころかイヤミが見え隠れしている時があるものです。

その場合はどうしましょう。

それでもなお素直に聞き入れるのです。「すみません。ご注意ありがとうございます」と、できるだけ心から伝えます。難しいことですが、決してイヤミっぽく言ってはいけません。悪意に対して悪意を返すのは負けと心得るのです。
これは、ここぞという時以外は絶対に人と争わない、祖母の流儀から学んだことです。
面白いことに、幸田文も父・露伴から似たようなことを教えられています。

「そういうように、本当のことをいわれたときには、素直に、仰《おお》せの通りといえばいい。恥かしいと思ったのなら、それもそのままお恥かしゅうといい、御指摘いただきましたのをよいたよりにいたしたく、何卒御指導を、と万事すなおに、本心教えを乞うて、何にもせよ、一つでも半分でもおぼえて取る気になれば、よかったではないか。水の流れるように、さからわず、そしてひたひたと相手の中へひろがっていけば、カッと抵抗してたかぶるみじめさからだけは、少なくものがれることはできた筈だ」(『月の塵』幸田文著 講談社文庫)

悪意をもって指摘した側にすれば、この反応は気まずい思いにさせられることでしょう。
さらに露伴は、刺されたと思ったら、ひとつ、二つと数えて気息《きそく》を整えよ、と教えています。そのうちに受け太刀がわかるのだ、と。

いきり立つのも必要以上に落ち込むのも、確かにみじめで仕方ありません。透明な水のような素直さで、嫌な思いさえも浄化できるようになりたいものです。

いたずらに争わずに、気を外すようにしてごらん

はぐらかさない、争わない

祖母は人と争うということが、まずない人でした。修羅場になりそうな場合……たとえば、夫の浮気現場をおさえるといったような状況に際しても、極めて冷静沈着に応じ、結果的には勝利を収める、そんな人だったのです。

祖母は信念が強く、正しいと信じたことに関しては一歩たりとも譲りません。それでもなお争いに至らないのは、絶妙な気の使い方にありました。

この場合の気とは、武道や気功などでいうところの「気」です。「気に入る」「気が散る」「気がかり」「気心」など、日本語には「気」のつく言葉がたくさんありますが、それは日本人が目に見えないものの威力を理解していたためでしょう。

「いたずらに争うものではないのだよ。人と争いそうになったら、パンと手を叩いたり、ひょいと別のところを見たりしてごらん。なかなか感じがわからないかもしれないけれど、気を外すっていうんだよ。相手を馬鹿にして、はぐらかしたりするのではなく、喧嘩をしないために張り詰めたものに風穴をあけるんですよ」

このようなことを言われたところで、当時の私には理解のしようもありませんでした。実際、感覚的なことで、こうした呼吸のようなものは実践の中でしか身につかないのです。

江戸無血開城という大業を成し遂げた勝海舟は、周囲を刺客がうろうろするような物騒きわまりない幕末にあって、決して刀を抜きませんでした。「私は人を殺すのが大嫌いで、一人も殺してない、みんな逃してしまった」という談話も残っています。

「全体なにごとによらず気合いということが大切だ。この呼吸さえよく呑《の》み込んでおれば、

たとえ死生の間に出入りしても、けっして迷うことはない」（『氷川清話』勝海舟　勝部真長編　角川文庫）
このような精神作用が命を守ったのでしょう。もっとも、非常に危ない場面で「人斬り以蔵《いぞう》」こと岡田以蔵が勝海舟に躍りかかった刺客をバッサリ斬ったという逸話もありますが。ともあれ勝海舟が争わなかったことは武士道に則ったことでした。
よく知られる格言に「負けるが勝ち」というものがある。真の勝利は乱暴な敵にむやみに抵抗しないという意味だ。また「最善の勝利は血を流さずに得た勝利である」とも言われ、ほかにも類似した格言がある。要するにこれらの格言は、武士道の究極の理想は平和であることを意味している。（『武士道』）
刺客云々《うんぬん》では参考になりませんので、祖母が浮気現場をおさえ、その時にどう対応したかをご紹介しましょう。

その当時、祖父は今で言う単身赴任の状態で、浮気はそのさなかに起きました。一人暮らしの祖父を心配して祖母が東京に出てきてみると、なんと女性と一緒に暮らしていたのです。まさに一触即発の状況でした。

ところが祖母は相手の女性に対して「ごくろうさまでした」と丁寧に頭を下げたのです。そして「これからは私がおりますゆえ、どうぞお引きとりくださいませ」と告げました。ヒステリーを起こしたのは女性の側でしたが、祖母は全くとりあいません。その後ほどなくして女性は悔しがりながらも出て行きました。確実に修羅場になるような状況にあって、祖母は「最善の勝利」を得たのです。

相手に向かっていくのではなく、まずは受け入れてしまう。それが結果的に「呑み込む」ことになるのでしょう。

女子の教養　二十七

譲ることのできる人におなり。譲ることによって一歩先に進めるのです

譲ることを習慣に

人とぶつからない、争わない人になるために、常日ごろから心がけていることがあります。

それは、たいていのことは譲るようにすることです。

「なんでも譲っておけば、間違いないんだよ」

祖母はこのように言い、私に譲ることを習慣にするよう教えました。争わないために気

を外すことよりも、もっと前段階で対処せよ、ということでしょう。

けれど、これだって難しいことでした。最近ようやく身につき始めましたが、以前は気づけば我を張っていたものです。こちらが我を張れば相手も我を張りますから、譲り合うどころではありません。結果、ぶつかりもします。「ほらごらん」という祖母の顔が何度浮かんだことかしれません。

新渡戸稲造は武士道の実践編的な内容をまとめた『自警録』の中で「世に処するには一歩を譲るを高しとなす、歩《ほ》を退《しりぞ》くるは即ち歩を進むるの張本《ちょうほん》」という『菜根譚《さいこんたん》』（※中国の古典）の一節を引きながら、世の中には譲って差し支《つか》えないことが多いと述べています。

人世は多数の人とともに乗り合う渡船《わたしぶね》のごときものである。人とともにこの世を渡るには、おだやかに意気地《いきじ》ばらずに、譲り得るだけは譲るべきものと思う。（『自警録』新渡戸稲造著　講談社学術文庫）

祖母はこうも言いました。

「譲ることと負けることはちがいます。それどころか譲ることによって一歩先へ進めるのです。またひとつ、徳のある人に近づくことができるということですよ」

わざわざ「負けることとは違う」と付け加えたのは、私が譲ることによって負けたような気になることをお見通しだったからです。二宮尊徳が教えた「たらいの水」のようなものでしょう。たらいの水を欲張り心で自分のほうにかき集めようとすると水が向こうに逃げてしまう。水を向こうに押しやれば、かえって自分のもとへやってくる、という話です。

「潔く、気持ちよく譲るのです。そうされて怒りだす人はいません。それどころかきっと感謝されるだろう。人に感謝されるようなことはできるだけたくさん行うんですよ」

「柔能《じゅうよ》く剛《ごう》を制す」という言葉があります。柔和《にゅうわ》なものが剛毅《ごうき》なものを制するということですが、女性の強さとはまさにこれに値します。そして、多くを譲るということは、女性特有の「柳のようなしなやかな強さ」を育てる結果となるのでしょう。

女子の教養　二十八

協調と迎合は違います。心の伴わないことは相手に対して失礼です

和して同ぜず、同じて和せず

子供のころに買い与えてもらえる玩具は決まっていました。

お絵かきの道具（お絵かき帳とクレヨン、色鉛筆など）、積み木、ブロック、パズル、粘土、ぬいぐるみ、ままごと道具です。もっとも、積み木にブロックとパズルはおさがりでした。ぬいぐるみは長いこと文明堂のコマーシャルに出ていたのとそっくりなクマだけで、パンダがやってきた年に、私の背丈の半分もある大きなパンダのぬいぐるみを買ってもらって

二体になりました。ままごと道具は月に一度、縁日の時などに三つずつ選びながら買い揃えました。

祖母が「子供に与えるべきはものより心」としていたためでしょう。流行のおもちゃなどはいっさい買ってもらえません。

「リカちゃんのお人形がないと遊べない」

私はお人形ほしさに母に言ったことがありました。けれど母は「ならば遊ばなくていいのよ」と、にべもありません。「みんな持っているのだから私もほしい」と言えば、「みんなはみんな、うちはうちです」と、これで終わりでした。そして、

「お人形に限らず、何でもかんでも周りに合わせなくたっていいんです。第一、お人形は怖いって言っていたのに、今になって何を言うの。別にほしいわけじゃないんでしょ」

図星でした。

母がこのようにしつけたのは、「迎合《げいごう》するな」という祖母の教えがあったためです。祖母は多くを譲りなさいとする一方で、迎合するものではないと戒めました。

それは祖母自身が娘時代に父親から教えられたことです。厳しく育てられた祖母は堅苦

しいと受け止められてしまいがちで、女の子たちの仲間に入っていくことができませんでした。それでも仲間に入りたい一心で、話題に合わせ、思ってもないことを口にしたのです。父親は烈火の如く祖母を叱り、祖母は涙をのんで自分を戒めたのですが、その結果、思いがけず生涯の友を得ることにもなったのです。

以来、「迎合するな」は我が家の家風となりました。

「心にもないことを言うのと同じで、その場しのぎで調子を合わせるのは、むしろ相手に対して失礼なことなんですよ。それは誠があるとは言えません」

『論語』にも「君子は和して同ぜず、小人は同じて和せず」とあります。「君子は調和するが、自分の考えもなしにむやみに同調することはない。小人は考えもなしにやたら同調するが調和はしない」という意味です。

意見の異なる相手を否定しない。意見がちがうからと言って争わない。それでいて自分の信念を曲げることもない。

流されやすい世の中では、自分を見失いかねません。「和して同ぜず」は、現在こそ必要なように思います。

ちなみに、私は子供達にゲームは与えませんでした。お友達から借りて一緒に遊ぶのはよしとしても所有させることはしなかったのです。与えたおもちゃも、私と似たりよったりでした。

子供たちには、もしそれで仲間に入れてもらえないようなことがあっても心配するなと話しました。ゲームのあるなしが友達の条件になるような相手とは真の友達にはなれないこと、そして、そんな時にこそ本当の友達ができるものだと話したのです。

また、みんなが言うからと話を合わせる必要はないこと、まして、間違っているとわかっていながら、友達に誘われて誰か一人をいじめるようなことをしてはいけない、むしろそういう時はいじめられている子の側に立ちなさいと教えました。

「迎合するな」という家風を私も守りました。そのようにしつけられたことを、祖母や両親に心から感謝したためです。

女子の教養　二十九

ことという時には断固譲らぬ覚悟であたりなさい

断固として譲れないもの

多くを譲って争わず、迎合することもない。祖母は柔和そのものでしたが、同時に冒しがたい気概というか、孤高の精神を感じさせるようなところもありました。

そしてそれはここという時に恐ろしい威力となって発揮されるのです。穏やかでつつましい祖母が仁王のように立ちはだかり、怒りを発したことがありました。

昭和二十六年、祖父の葬儀の際のことです。駅から邸まで、ずらりと花輪が並ぶほどの盛大なお葬式で、お手伝いさんはもとより、ご近所が総出で手伝ってくださるような状況でした。

当時、戦後の混乱はいくらか続いており、ゆすりたかりをする葬儀荒らしなるものがあったと言います。それが、どこからともなく我が家にやってきました。いかにもやくざな風《ふう》采《さい》の男が何人か集まって、庭で賭博《とばく》を始めたのです。

慌てふためいた使用人が奥の間にいた祖母にことの次第を知らせたところ、祖母はスッと立ち上がり、しずしずと廊下を渡っていきました。そして誰も気づかないうちに、葬儀荒らしにあと数歩というところまで近づいていたのです。

その時でした。

「どこのどなたか知らぬが、我が夫の葬儀をないがしろにする者は誰であろうと許しません。さっさと出ておいき！」

祖母が怒鳴ったのです。あたりの空気がびりびり振動するような怒声《どせい》でした。見据えた目の恐ろしさと言ったらなく、父が「全身から炎が出ている、あれは仁王というより摩利《まり》支天《してん》だ」と表現したほどです。

あまりの迫力に親族さえ近づけません。大きななりをした男たちは、一瞬、凍りついたように祖母を見ていましたが、一言もなく帰って行きました。


溝の縁《ふち》までは譲ろう。しかし溝に叩き込まれんとする時は、ドッコイ、いかぬぞ、これより先は一歩も半歩も譲ることは出来ぬ。この場合に臨みなお譲らせようとするものもあれば、断然御免《ごめん》を蒙《こうむ》って、あべこべに溝に叩き込むのが至当である。しかしてこの場合にいたり真の強みが発揮される。

これは婦人などによく見ることである。（中略）彼女の名誉や生命にまで関渉《かんしょう》せんとするときには、どっこい、それは不可《いかん》と毅然としてこれを斥《しりぞ》ける。（『自警録』）

祖母は名誉を守るため、断固やくざ者を溝に叩き込んだというわけです。

今泉みねは、「むかしの婦人はふだんごくやさしくって、事があるとまるで人が違ったようになりました。誰それの娘、だれそれの家に嫁《か》して妻となる、こういうことを重んじているからでございましょう」（『名ごりの夢』今泉みね著　金子光晴解説　平凡社）と語っていますが、この一件はまさに祖母の「人が違った瞬間」があらわれたものでした。

やくざのような男たちを、小柄で痩せた祖母が怒声で追い払ったとは、なんと痛快でしょう。もっと早く生まれて、その場に居合わせたかったものだと、私は悔しくてなりません。

第四章　品位のたしなみ

気品は美人の条件

品位とは、その人に備わっている気高さや上品さのことを言います。品性、品格、気品という言葉にも置き換えられます。

『武士道』に「武士の教育において第一に重んじられたのは、品格の形成であった」とあるように、学問的知識よりも人間性を高めることに重きが置かれました。

品位・気品というものは、女性においては、より大切な要素ではないでしょうか。美しさの条件のひとつと言っていいでしょう。

森信三先生は「気品とは人格の精髄そのものといってもよいでしょう。特にあなた方のような女性としては、気品ということは最も大切な点だといえましょう」と教え、さらに気品とはどういうものかを次のように述べています。

そもそも人間の「気品」というものは、いわばその人の背後から射してくる後光みたいなものでありまして、それは結局その人が他人《ひと》の見ていないところで、どれほど自己を慎むかどうか、その程度によって光の射し方が違ってくるわけであります。(『女性のための「修身教授録」』　森信三著　致知出版社)

他人の見ていないところで、どれほど自己を慎むことができるか。

このことは「よその人がいない家の中でどのように振る舞うか」を教えると同時に家庭におけるしつけの大切さを物語っています。

昔の家庭では、「みっともないことをするな」とか、「そんなことで恥ずかしくないのか」とよく言われたものでした。このように諭されることは子供ながらに悔しく、顔向けできないと感じられたものです。

「武士は名を惜しむ」という言葉があるように、サムライは名誉を重んじました。『武士道』には「名誉は境遇から生まれるものではなく、個人個人が役割をまっとうに果たすことにある」とあります。

家庭で、職場で、なんらかの団体で、人はそれぞれ置かれた場所で果たすべき役割があるものです。役割を果たすことによって家庭も仕事も滞りなく営まれます。逆に役割を果たすことができなければ、多くに支障を来《きた》し、ひいては家庭崩壊や失業、倒産など招きかねません。

そうなれば誰でも自分が情けなく、恥ずかしく思うことでしょう。誰に対しての恥ずかしさなのかと言えば、家族や友人、恩師など、敬愛する人達です。命をつないでくれた先祖に対しても、恩を仇《あだ》で返すことになってしまいます。それは、いただいた命を粗末に扱っているのと同じことになるでしょう。

品位を高める要素には、武士道の八つの徳のうち「智」も大切な要素です。「智」とは学問的知識にとどまることのない、宇宙や大自然の叡智のことを言います。宇宙や自然、連綿と受け継がれる命の摂理など、ものごとの真理への理解を深めることです。

と言うと、非常に難しいことのようですが、日々自然に目を向け季節に寄り添い暮らすこと、あるいは良書に親しむことによって、言葉ではなく感性でだんだんと理解することができるようになります。少なくとも私はそうでした。

祖母は「気品は美人の条件ですよ」と言ったものでした。森信三先生のおっしゃるように、誰も見ていないところでこそ自己修練に努めることだと思います。

もっとも、ほんとうは「誰も見ていない」ということはないのです。

「たとえ誰も見ていないところでも、お天道《てんと》さまはちゃんとおまえを見ているからね。だから、お天道さまに恥ずかしくないようにするのですよ」

このような意識を持つことが、「他人《ひと》の見ていないところで、どれほど自己をつつしむかどうか」を支えるのです。

女子の教養　三十

ものを大事にしないのは、自分を大事にしていないのとおんなじだよ

倹約の徳が生んだ豊かさ

私は非常に物持ちがよく、人から驚かれたり感心されたりしますが、実は心密かに自慢に思ったりしています。

ものの価値が多様化した現在では、洋服でさえ子供のお小遣いで買えるようなものがあります。安価で手軽に済ませるものがあっていいと思いますが、一方で、多少、値が張っても丈夫で長持ちする、質のよいものを持つべきではないでしょうか。よいものは修繕が

きくので、かえって倹約になり、また、ゴミを減らすことにもなります。

祖母にしても母にしてももの持ちがよいうえに繕いものが上手でした。衣類にできた小さな穴や亀裂《きれつ》などはさっさときれいにしてしまいます。幼いころの私の洋服は大半がおさがりで、肘や膝が薄くなったり抜けてきたりすると、かわいらしいアップリケをつけてくれました。それでもだめになると、今度はぬいぐるみのお布団やお洋服になります。あるいは、ぞうきんとして暮れの大掃除に役立てられます。

父は母の縫う「手ぬぐいの寝間着」が大好きでした。「手ぬぐいの寝間着」とは、さんざん使ってくたくたになってきた手ぬぐいをつなぎ合わせて仕立てた浴衣で、もともとの考案者は祖母でした。適度にやわらかい寝間着は肌の弱い父に最適なのです。寝間着として使えなくなると、またほどいて今度はぞうきんにして、近くの保育園に寄付しました。

こうして丈夫で質のよいものを、とことん使いこなしたものです。

『武士道』に「武士道が倹約の徳を説いたのは事実である。だがそれは経済的な理由からではなく、むしろ節制の訓練のためだった。贅沢は人間を堕落させる最大の敵と見なされ、生活を簡略化することこそ武士階級の慣《なら》わしであった」とあるように、質素倹約は武家の大切な心得でした。また、明治の女訓書（女性向けの修身の本）にも、共通して倹約の徳が教えられています。

質素倹約は生活を味気なくするものではなく、また物質的な贅沢が必ずしも心豊かな暮らしをもたらすわけでもありません。ものを大切にするということを通して、私はむしろ工夫する楽しさや喜び、ひいてはものにとらわれない精神の自由さを教えられたように思います。

人ものも自分を映す鏡

ものを大切にする背景には「すべてのものに神さまが宿っている」という日本ならではの信仰心もあるのでしょう。昔はどんなものにも神さまが宿っていると教えられたものでした。ものを粗末にするということは、神さまを軽んじるということになるのです。

それは自分を大事にしていないのと同じことだと祖母は教えました。

「ものを大事にしないのは神さまに感謝する心がないからですよ。それは自分を大事にしていないのも同然なんですよ」

神社のお社《やしろ》には鏡が祀《まつ》られています。鏡に向かえば、そこに自分の姿を見出します。このことは私達の中にも神さまがおわすということ、また、この世のすべては我が鏡であるということを教えてはいないでしょうか。人はもちろんものも鏡なのです。

相手に対して微笑めば微笑みがかえってくるように、ものを大事に扱うと、ものもこちらを大事に感じて長らく仕えてくれます。「ものが感じる」とは妙かもしれませんが、愛着のあるものというのは単なる「もの」で終わらず、そこに魂に似たものを感じるものです。修繕する時もできるだけ美しく仕上がるよう心がけるのはそのためでしょう。

モースは、日本人が障子《しょうじ》の穴をふさぐのに、桜の花をかたどった紙を貼り付けることに驚いています。

「この、綺麗な、障子のつくろい方を見たとき、私は我国ではこわれた窓硝子を、古い帽子や何かをつめ込んだ袋でつくろうのであることを思い出した」(『日本その日その日』)

こうした何気ないことにこそ、日本人の品性を垣間見ることができます。

女子の教養　三十一

花や草木を見てごらん。この世にあるものは何だって大事なことを教えてくれるものだよ

自然は大先生

私には毎日野山を駆けまわって遊んだという経験はありませんが、その代わり庭ではいくらでも遊べました。私にとって庭はやりたい放題の「小さな大自然」だったのです。

朝起きてよいお天気だと庭の井戸水をくみ出して顔を洗ったりしました。手に受けた水の冷たさ、きらめく水しぶきが、眠気を一気に吹き払ったものです。祖母が濡《ぬ》れ縁《えん》まで出てきて、「おばあちゃんにも井戸水を持ってきてちょうだいな」と言うことがありました。

手桶《ておけ》に手ぬぐいを添えて、得意になって届けたものです。

ありの巣を埋めたり、ガマガエルを追い払ったり、けっこう残酷なこともしました。心が育つと残酷な経験は後悔に変わり、弱い存在はいたわらねばならないこと、どんなものにも命があり、その命は大切に扱わねばならないことを知りました。

「そんなことをするでないよ」とは言わず、じっと見つめて私が自ら悟るのを待ってくれた祖母のありがたさを思います。

「ものごとを教えてくれるのは、本や先生だけではないんだよ。お庭をごらん、土や草花、木を見てごらん。この世にあるものはなんだって大事なことを教えてくれるものだよ。何を教えてくれているのか、ちゃんとわかる人におなり」

自然の営みからは、一言では言いあらわせないほどの学びがあります。

時がくれば必ず芽吹き、やがては花が咲きます。人にもそれぞれ「時」があります。人生の花が咲く「時」が訪れるまで、雨の日も風の日も、枯れないように懸命に尽くす。その辛抱と努力の果てに、花は開くのです。

庭に蒔いた種が芽を出した時、祖母は言ったものでした。

「あんなに柔らかな芽が堅い種の皮を割って、重たい土を押し上げて、ある日忽然《こつぜん》と出てくる。すごいものだね。人間はつらいとか苦しいとか言うけど、あの双葉は黙って出てきたよ」

花に見る命の輝き

散りゆく花に感傷を抱くようになったのは、いつのころからでしょうか。

まだ春浅い三月、庭の雪柳が咲き始めました。直径一センチくらいの真っ白な小さな花が、柳を思わせる細くしなやかな枝に沿って無数に咲きます。実に可憐《かれん》な、私の大好きな花でした。

ほぼ満開に近づいたころ、私はふと思いついて、枝をしごくようにして花を一気に摘《つ》み取りました。それを、ぱっと空に放つと、花吹雪になるのです。

きれいで、面白くて、夢中になりました。次々と同じことをくり返し、気づいたときには枝は丸裸になってしまったのです。足元は白い花で埋まっていました。

もやもやした思いを抱きながら私はその場を去りましたが、ほどなく祖母が発見し、「おや」と一言言いました。それっきり黙って、花を散らしたことには何ひとつ触れません。けれど、その沈黙によって、私の中にあったもやもやが、はっきり後悔に変わったのです。

それからというもの、祖母が季節の花が咲くたびに「また咲いてくれたね」「今年もよく咲いてくれたね」と、花に話しかけるかのようにひとりごとを言うのが心に響くようになりました。満開の桜を眺めながら、祖母が不意に「来年も見られるかどうかねえ」とつぶやいた時には、一瞬、呼吸が止まりました。

「花は咲いて、散るものだからね」

当たり前のことです。けれど、「あらゆるものに始まりと終わりがあること」「一瞬一瞬が一度きりしかないものであること」「それでも命は受け継がれていくこと」などといったことを教えられた気がしました。

小さな感動を日々積み重ねる

モースは「日本人が世界中で最も深く自然を愛し、そして最大な芸術家であるかのように思われる」「この地球の表面に棲息《せいそく》する文明人で、日本人ほど自然のあらゆる形状を愛する国民はいない」（『日本その日その日』）と述べています。

古来、日本人の暮らしは自然と共にありました。人間の価値のみによって自然を一方的に利用するのではなく、まず自然のあり方を学び、それに寄り添いながら暮らしの知恵としてきたのです。深い愛情と畏敬の念があってしかるべきでしょう。

昨今、都市化が進み、多くの人にとって自然と近しく触れあう環境は特別なものとなりつつあるようです。しかし、私にとって庭が「小さな大自然」であったように、心の目さえ開けば都心であろうと自然に学ぶことは可能です。

並木や植え込みに咲く花々に心を向ければ、一日ごとに変化すること、それどころか、朝と夕、あるいは数時間でもなんらかの変化があることに気づきます。ただこれだけのことでも、自然は近々と私たちに歩み寄り、日々の小さな感動をもたらしてくれるのです。

小さな感動は小さな幸せとなり、日々を愛する心につながります。今日一日が愛しいものとなると、その日をともに過ごす人、その日に出会う人がかけがえのない存在に思えてきます。人と人との関係における喜びと感動は、さらに大きくなることでしょう。

幸福とは遠くにある特別なものではなく、ごく身近にある小さな幸せの集合体のようなものではないでしょうか。心の目で見なければ気づかずに通り過ぎてしまうようなもの。そんなものでもあるでしょう。

日々幸せを見つけながら暮らすことで、心は豊かに深まり、気品も備わっていくように思います。

女子の教養　三十二

ご本はおまえと一緒に成長するんだよ。読むたびに必ず新しいことが見つかるものです

本はくり返し読むもの

祖母はもともと読書家で、娘時代から四書五経《ししょごきょう》を読むのを習慣にしていました。中でもくり返し読んだのは『論語』です。

結婚後は忙しい合間を縫って、夜、子供達のために本を読んでやるのでした。祖母の子供達は皆本が大好きになり、いくら祖父が「本など読むな」と言っても聞きません。私の代には本好きは家風になっていました。

母は私のために絵本や童話の購読を申し込んでくれたものです。テレビを自由に観ることはできなかったので、本は私にとって何よりの楽しみでした。また、書斎にはたくさんの本が並んでいて、児童文学の棚にあるものは好きなだけ読んでよいのです。

外遊びがままならない冬など、私は本を抱えて祖母の部屋へ行き、おこたにあたらせてもらいながら読書に興じました。祖母が「おばあちゃんに読んで聞かせておくれ」と言う時には、張り切って読み上げたものです。

一度気に入った本は何度もくり返し読みました。母に「せっかく新しいご本を買ってあげたのに」と言われ申し訳ないように思いましたが、それでも読みたいものは仕方ありません。

けれど祖母は、むしろそうするのがいいのだと教えてくれました。

「ご本というのは実に不思議なものでね、変わらないはずの中身が、なぜか変わっていくんだよ。それはね、おまえが成長するからですよ。おまえと一緒に本も成長するんです。だからくり返し読むのはいちばんいい読み方でね。読むたびに新しいことが必ず見つかるものだよ」

祖母は『論語』をくり返し読む中で、その都度《つど》、学びを得ていったのでしょう。

品格を形成する実践的な助け

自然と並び、本がもたらす豊かさは計り知れません。

本を読むことによって私の内的世界は広がりました。本を通じてさまざまな人生を経験し、見たこともない世界を知り、時には時空までも超えました。命の不思議、人としてのあり方、国々の盛衰の歴史。それらは心の引き出しにしまわれ、ふとした拍子にひょいと出てきます。本の中で経験したことが、今度は自分の人生で実践的な知恵として生かされるのです。

また、本から得た心の豊かさは、ふだんの何気ない会話を楽しいものにしてくれました。相手の言わんとすることが、よく理解できるのです。理解が深ければ感動も大きくなります。感動は共感となり、親近感へと発展します。

読書によって心を広げておくことは、さまざまな人とのかかわりまでも変えてしまうと言っていいでしょう。
ただし、本から得た知識をけっしてひけらかさないことです。
「哲学（儒学）と文学は武士の知的訓練の主要な部分を形成してはいたが、これらの学問でさえ、（中略）品格を形成する実践的な助けになるものとして学ばれた」（『武士道』）
実践的な助けとする際に多くの言葉は必要ありません。本から得た知識を会話に役立て、相手の理解を深めるために利用する時は、熟考したのち自分の言葉で表現できるようでありたいものです。

女子の教養　三十三

うそをつくのは罠にはまるようなもの。前言撤回もうそをつくようなものですよ

うそは弱さのあらわれ

「うそをついてはいけない」とは誰もが教えられることです。人を欺《あざむ》き、傷つけてしまうことさえあるからです。

祖母はどうしてうそをついてしまうようなことになるのかを教えました。

「うそをつくのは心が弱いからですよ。心の弱さがうそを生み、生まれたうそは心をさらに弱くしてしまう。心にとが（自らを咎める気持ち、後ろめたさ）があれば、誰だって堂々

としてはおられないものだからね」

うそをついた後ろめたさから、いつそれが発覚して責められるようなことにならないか人に対して疑心暗鬼《ぎしんあんき》になり、しまいには誰に対しても素直に正面から応じることができなくなると祖母は言うのです。

「そのうち気が鬱《うっ》してくるよ。そんな心では強くなれるわけがない。うそをつくのは自ら罠にはまりにいくようなものだと憶えておいで」

うそをつかないということは武士道の「清廉潔白」の徳であるのと同時に、名誉にかかわることでもありました。心の弱さは恥ずべきこととされたのです。


偽証してはならないという積極的な戒めがないために、嘘をつくことは罪としては咎められていない。むしろ心の弱さとして蔑まれ、不名誉なこととされた。(『武士道』)

山川健次郎(白虎隊の生き残りで、初代東京大学総長)のお孫さまによれば、会津藩家老の山川家には「うそ」という言葉さえなかったそうです。「うそ」という言葉は「おまねごと」と言い直され、うそを禁じるどころか言葉そのものを忌み嫌ったというのです。

我が家ではさすがにそこまで厳格ではありませんでしたが、「やっぱり」と前言撤回することも、うそにつながることとして戒められました。

たとえば、おやつの後は書道の練習をすると言っておきながら「やっぱり遊びに行く」というような簡単なことでも厳しく戒められたのです。

「言ったことはちゃんとなさい。でないと、うそをついたも同然ですよ」

ましてそれが約束したことであれば、どうしても守らなければなりませんでした。いわゆる「ドタキャン」は、よほどのことがない限り、してはならなかったのです。

携帯電話が普及するに従い、直前でもキャンセルするようなことが増えたように見受けられます。事故や病気など、やむを得ない場合を除いて約束は守るようにしたいものです。

相手を思う「やさしいうそ」

うそをついてはならないと厳しく教えられた日本人は、西洋人からするとうそつきに見える場合が少なくなかったようで、「日本人はうそつきである」という記録がしばしば見られます。この特徴について、島津家の家庭教師であったエセル・ハワードは次のように述べています。
「偽りをいうのが日本人の特徴というわけではなく、彼らの間では、それが単に習慣になっているだけで、彼ら自身はそのほんとうの意味を正確に知っており、それを文字どおりの意味にとると真実とは程遠くなってしまうのである」(『明治日本見聞録』)
日本人はつらく悲しいときでも微笑んでみせます。贈りものをする際は「つまらないものですが」とつつましく差し出します。つまらないものであるわけがないのですから、言葉通りに受け取ればうそをついていることになります。
私達日本人は今でもこうした行いがうそにあたるとは誰も思いません。そして、時には相手を思うがゆえのうそを、うそと認識せずに言うこともあるのです。

「学校は楽しいかい?」と祖母から聞かれた時、そうは思えない時でも常に「楽しい」と答えていました。するとある時、祖母が「思いやりから出るうそもあるからね」と言ったのです。

些細なことで祖母や両親に心配をかけたくありませんでした。ただそれだけの理由だったので、うそをついているという意識もありません。けれど、「思いやりから出るうそ」という言葉は、私の心の隅に残りました。

その後、あえて祖母にうそをついたことがあります。

ある日突然、祖母が兄のことを「芳輝によく似てきたことね」と言い出しました。私は遺影と見比べてみましたが、どう見ても似ているように思えません。その後もたびたび兄を見かけると、「驚いた、芳輝かと思ったよ」などと言います。私は否定はしませんでした。

「ほんとね、写真とそっくり」と請け合ったのです。

祖母が静かに息を引き取ったのは、それから間もなくのことでした。

「おばあちゃん、どうしたの?　お兄ちゃんと芳輝伯父さん、ぜんぜん似てないじゃない」などと言わなくてよかったと思いました。

それに、もしかしたら本当に芳輝伯父が祖母を迎えに来ていて、祖母にだけは見えたのかもしれないのです。

女子の教養　三十四

文句を言ったところでどうしようもない。まわりまわって自分を不愉快にするだけです

愚痴は呑み込むに限る

これは「婦言の徳」に則った言葉のしつけの延長にあるものですが、少しでも不平不満を口にすると、即座に「文句を言ってはいけません」とたしなめられました。たとえば、雨のためにお外で遊べないというような、そんな些細な不平に対してもです。雑草と同じで望ましくないことは小さな芽のうちに摘《つ》んでしまったほうがいいのでしょう。蔓延《はびこ》ってからでは、根こそぎ抜き取るのがたいへんになります。

「文句を言ったところでどうしようもないものだよ。不平不満というものは、まわりまわっておまえを不愉快にするだけだからね。つまらないのは、おまえだって嫌だろう？」

実際、言われてみればそうでした。文句を言って雨がやむわけでなし、気持ちを切り替えて雨の日でも楽しく過ごせる方法を考えたほうがよほど建設的です。こうした気持ちの切り替えや「だったらこうしよう」という工夫は、人間関係でも、仕事でも、家庭生活の中でも必要です。

女性同士が集まると、時として不平不満のお披露目会になることがあります。上司や部下、夫や姑、子供の先生に対してなど、ありとあらゆるものが出てきます。たいていの場合は、さんざん文句を言ったあげく、それを冗談のネタに大笑いして終わるので、ストレス発散にもなるようです。

けれど、どんな境遇であっても愚痴ひとつ言うことなく淡々と生きてきた祖母を思うと、ストレス発散といえども愚痴を言うのは恥ずかしい気がします。それに実際、ストレス発散になるどころか、よけいに不満が膨らんでしまうようなこともあるのです。

不満を言うのは自分を正当化しているからです。つまり「悪いのは相手」という認識です。相手に非があるとなれば、さらに不満は募るものでしょう。

愚痴なんてものは埃と同じように、つつけばきりもなく出てくるものだ。やがては雪だるまの如く、はては山となって爆発するであろう。そんなものは、小さなうちに呑んでしまうにかぎる。はじめはにがいだろうが、呑みこむことを覚えてしまえばわけはない。

(『韋駄天夫人』白洲正子　平凡社)

バッサリ一刀両断、まるで示現流《じげんりゅう》のように鋭く正しい指摘と言うべきでしょう。(示現流とは白洲正子さんの郷里薩摩に伝わる剣法で、刀を抜いて最初の一太刀に勝負のすべてをかける、つまり、一太刀で相手の息の根を止める強烈なものです)

私は白洲正子さんに対して、自分のしたいことをして、何でも言いたいことを言っているような印象を抱いていたのですが、やはり明治女だと認識をあらためたものでした。

確かに愚痴や不平は呑み込んでしまったほうが、かえってストレスが少なくなるようです。「ため込んだら爆発する」とよく言われますが、呑み込んだことにいつまでもこだわるからではないでしょうか。あるいは呑み込んだつもりで実は呑み込んでいないのです。

「不平を言ったところで何も始まらないよ」という祖母の言葉がつくづく思い出されます。実際、それでものごとが改善され、楽しい気分で過ごせるようにはなりません。不平を言われた相手が譲ってくれたとしても、しこりのようなものが残ります。

「つい不満が出るのは、ほかでもない自分のことが不満なんだろう」と祖母。

言い得て妙です。自分自身に対して心のどこかで不満を抱き続けているからこそ、何かの拍子に誰かや何かに、それが向けられてしまうのでしょう。

女子の教養　三十五

何ごとも褒められるためにやっているわけではないんですよ

見返りを期待しない、評価を他者に求めない

私たちが不満を抱いてしまうのは、どんな時でしょうか。

思っていたのと違う結果が出る、つまり、期待通りの答えが得られなかった場合に、つい不平不満や愚痴がこぼれてしまうようです。特に心の奥で見返りを求める気持ちがあると、それを得られなかったことに対して不満を抱きます。

絵がよく描けたとか、ピアノ曲が上手に弾けるようになったと思った時など、私は父母

や祖母に見せに行きました。子供なら誰でもすることです。そして、父母は「ほんとだ、上手にできたね」とか「たくさん練習したものね」などと褒めてくれましたが、祖母の反応は少し違っていました。

「そうだね。おまえはどう思うんだい？」と言うのです。子供なりに格好つけたいので「ほら、上手でしょう」などとは言えません。もじもじしていると、祖母は言いました。

「何ごとも褒められるためにやっているわけではないんですよ」

意味がわからず戸惑っていると、さらにこう教えました。

「おばあちゃんは上手だと思うよ。でもね、ほんとうに大事なのは自分でどう思うかなんだよ。人にどれだけ褒められても、もしもお前が自分でこれはよくないと思ったら、そっちのほうが大事だよ。そういう時は自分でいいと思うまで努力なさい」

実際のところは、ここまで言われても当時はわかりませんでした。けれど、見返りを期待したり、評価を他者に求めない、よい意味で自分本位でいることによって、確かに人に対する不平不満は減るのです。

どんな評価も楽しめる心を

また、このようにも言われました。

「人はいろんなことを言うものだからね。何を言われてもよいように受け止めたほうがいいものだよ。何でも楽しめるようでなけりゃ」

望んでいたような評価が得られなかったり、厳しい意見を言われた時には、「そう言われても仕方がない」と受け止める人と、「それも面白い。そういう見方があってもいい」と前向きな人、そして「どうしてこれがわからないのかしら」と否定する人と、だいたい三つにわかれるようです。

当然ながら、何でも「面白い」と前向きに受け止められるほうが発展的になるでしょう。評価に限らず、どんなことも、どんな相手も、できるだけよいようにとらえるようにしたいものです。マイナス面を見つけようとするのではなく、プラス面を見ようとするのです。また、マイナスと思えることでも見方を変えればプラスに転じます。

何でもよいように受け止める。

祖母の気品や強さの根源は楽天的な心にあると思いますが、このような姿勢によっても、それははぐくまれたのでしょう。

女子の教養　三十六

損得を考えずに心を尽くしてごらん。尽くせば尽くすほど得るものがあるのだから

損得の天秤にかけるのは浅ましいこと

我が家では、損か得かで判断することは、恥ずかしいことだと教えられました。

「こんなものを持っていたって損になる」などと言うのはものを生かすことができない自分が悪いのであり、また、生かせないようなものを買うのがいけないのです。

けれど、こうしたこと以上に、誰とつきあえば得をするかとか、こんなことをしても損になるだけだなどとは考えてはいけない、人づきあいや行動を損得ではかるのは、心の貧

しい、賤《いや》しいことだとされました。

「あの子と遊んで損した」とか「宿題を見せてくれるから、あの子のところに行けば得だ」などと言えば、「おやおや、なんと浅ましいんだろうねえ」などとたしなめられたものでした。実際、浅ましいことだと思います。自分のことしか考えていないのですから。

「あの子とお友達になれば得するとか、あるいは損するなんてことを、まちがってても思ったりしてはなりませんよ。損得で判断するのをくせにすると、大人になって正しい判断ができなくなるからね」

価値の基準や行動の基準が損得であれば、確かに真理は見えてこないでしょう。ものごとの核心をつかむ力にも欠けて、肝心な時に選択肢をまちがえてしまいかねません。また、困っている人がいたら、そういう時こそ絶対に損得で行動するなと諭されました。

「誰かを手助けすることを、袋の中からお菓子でもあげることのようにとらえてはなりませんよ。そんなふうに思うから、尽くしてばかりいると自分の分がなくなる、損をするなんて発想になるんです。歩けば歩くほど、おのれの足が鍛えられ力がつくように、尽くせば尽くすほど、得るものがあるのだからね。これはちゃんと覚えておきなさい」

祖母の生涯はひたすら尽くし続けるものでした。夫のため子供達のため、あるいは従業員のために常に身を挺《てい》してきたのです。それは間違いなく祖母の人格を、品位を高めていました。

世界最高の美徳

私は女性というのは尽くす性だと思っています。実際に子を産むか産まないかはともかく「産む性」だからです。「産み育てる行為」とは「自分の命に代えても子孫を残す行為」であり「無償の愛」そのものです。こうした女性性があるからこそ、私たち女性は尽くすことによって喜びを得るばかりか、人間としても成長するのでしょう。

特に日本女性は尽くす性として秀でているかもしれません。日本女性のきめ細かな配慮はあらゆる職場や施設で生かされ、海外の旅行者から高い評価を得ています。

明治においては、ほとんど絶賛の域でした。

日露戦争の従軍記者・ポンティングは負傷兵が運ばれてくる松山の病院で三週間あまり

過ごしたうえで、「日本の看護婦こそまさに慈愛に溢れた救いの女神だと、心底から感じた」と述べています。
その優しい心遣い、病院の中を妖精のように素早く動き回る優雅な動作、病人の希望にすぐに応じられるような絶え間ない心配り、疲れを知らぬ気力と献身、その忍耐と熱意、患者に対する丁寧な態度、包帯を洗って交換する優しい介抱ぶり、こういったものすべてが、日本の婦人は世界のどこの婦人たちにも負けない女性としての最高の美徳に溢れていることを示している。彼女たちはかくも気高く、かくも誠意をこめて、義務と人間愛の要請に応えたのだ。（『英国人写真家の見た明治日本』）
「世界最高の美徳」とされたことは、誇るべきことでしょう。そんな明治女性の遺伝子を受け継ぐ私たちも、日本女性の名に恥じない美徳を備えたいものです。

女子の教養　三十七

お金にならないことも熱心になさい。お得はその時だけのもの、徳は一生の宝ものです

家事や育児のかたわら働き続けていた祖母は、「徳は本なり、財は末なり」（『大学』）そのものの人でした。徳を積めば財はおのずからついてくるとして、祖父の事業を支えている時はもちろん、子供達が成長して働くようになると、「お金にならないことでも熱心になさいよ」と教えたのです。

父も働き始めたばかりのころは、うるさいくらいに仕事に対する心構えを言われたそうです。

「働くことが、ただお金を得るためではもたないよ。働くことのほんとうの喜びは金銭で

ははかれないんだから」

「毎日出勤していることで仕事をしているつもりになってはいけないよ。雇われていると、つい、そんな勘違いをしてしまいますからね。おまえの仕事がどれだけの成果をもたらしたか、大事なのはそこです。どれだけ世の中のお役に立てたか冷静に考えてごらん」

「報酬を得るためだけでは、勤まるものも勤まりません」

父は末息子ですから、母親としては心配でならなかったのかもしれません。そして、仕事に限らず何をするにしても、志が大事なのだと教えました。

「がんばっておやりなさい。なんと言っても高い志がいるよ。うんと遠くにある志にひたすら向かっていけば、つらいことも悲しいことも、やがては通り過ぎていく。そのうえ気がついたら、ちゃんとお金もついてくるよ」

祖母の教えは私自身も仕事をするうえで、どれほど役に立ったか知れません。幼いころに教えられた「損得を考えるな」「行ったことはすべて自分の力になる」「尽くすことは得ること」の延長線上には、このような教えがあったのです。

徳がよいご縁を呼ぶ

「どんな人に対しても親切で敬う気持ちを忘れない徳のある人は、同じように徳のある人から慕われるようになるものですよ。そのような人は絶体絶命の窮地に立たされても、必ず、どうにか切り抜ける。徳のある人が、身を挺して助けてくれるからね」

祖母はこのようにも教え、「お得はその時だけのものだけど、徳は一生の宝ものだからね」と言いました。祖父が「絶体絶命の窮地」から助けられた経験があったからでしょう。

祖父は事業を行うかたわら区議会議員となり議長職を務めていました。祖父は人徳があったようで、「全員賛成で議長になったのですよ」と祖母は嬉しそうに話したものです。

そんな祖父が容疑をかけられて牢屋に入れられてしまったことがありました。今で言う政治献金疑惑のようなものかもしれません。祖母に聞いても「なんだかわからないうちに捕まってしまったんだよ」と言うばかりで、ことの次第は不明です。ともかく社長であり区議会議長である立場の祖父が牢屋に入れられてしまったわけですから、さすがの祖母も困り果てました。

ところが、祖父が捕まったと知れ渡ると、少なからぬ人達が警察に押し寄せて、「そんな人ではない」「何かの間違いだ」と大騒ぎになったのです。

警察が慌てて取り調べを行った結果、祖父はすぐに出てきました。おかしな話ですが、とにもかくにも帰ることができたということで誰もがホッと胸をなで下ろしたものです。

「あの方々が助けてくれなかったらどうなっていたかしれないよ。おじいさんが強欲だったらこうはいかなかったろうね」

祖母が徳を宝とする所以《ゆえん》です。

女子の教養　三十八

一か八かという時でも、誠があれば天が味方するものだよ

誠を尽くして天に任せる

幼い日々を過ごした家は大正末期から昭和初期の建築で、お友達を呼んでも「お化け屋敷だ！」と逃げ帰られてしまうほどの古さでした。鬱蒼《うっそう》と茂る庭木を通して見ると確かに無気味で、実際、私も夜、お手洗いに一人で行くのが恐ろしかったくらいです。

けれど、そのお化け屋敷のおかげで一族は戦中戦後を乗り越えました。そして、その幸運を導いたのは、誰あろう祖母なのです。

その家は昭和二十年の二月ごろ、ある将校さんから居抜きで譲り受けたものでした。それまで暮らしていた地域一帯が陸軍の演習場になるとかで強制的に立ち退《の》かねばならなくなった矢先、祖父が運よく見つけてきたのです。

その際、祖母は「この家だけは私の名義にしてください」と祖父に言いました。祖父はあちこちに不動産を所有していましたが、祖母がそんなことを言い出したのは初めてです。理由を問いただしても、「とにかく私の名義にしてほしいのです」と一点張り。祖母の真剣さに、ただごとではない雰囲気を感じたのでしょう。頑固な祖父も言う通りにしたのでした。

近いうち東京に大空襲があるだろうと祖父母は予感していたようです。身の回りのものだけ持って新しい家に移り、祖父だけがそこに残ることにして、祖母は一家をひきつれ福島へ疎開しました。

東京大空襲があったのは、それから間もなくのことです。東京は都心部を中心に火の海となり、新居の近くにも爆弾が落とされました。しかし家は奇跡的に残ったのです。

そして終戦。占領政策の混乱の中で祖父名義の土地がどんどん奪われるという事態が起きました。ところが新居の土地建物だけは祖母の名義であったため残ったのです。

祖母がそのような事態になることを予見していたとは、とうてい思えません。ただ、何か察するところがあったのでしょう。考え抜いたというよりは、天のお告げのようなものだったのだと思います。

「あの家があったからこそ、みんな生きてこられたんだ。全く、おばあちゃんのおかげだよ」

一族の誰もが言うことです。昭和二十六年に祖父が他界した後も、その家で祖母を中心に助け合いながら暮らしました。父が成人し、母と結婚し、私達きょうだいが生まれた、そんな一家の歴史を見つめてきた家だったのです。

「一か八《ばち》かという時でも、誠を尽くせばなんとかなるものだよ」

祖母の言葉です。「真心があればお天道さまは味方してくれるものだ」とも言いました。孔子の教えに「予《わ》が否《すまじ》き所の者は、天これを厭《た》たん（自らによくないことがあれば、天が見捨てるだろう）」とあります。「よからぬことがなければ天は見捨てない」わけであり、祖母はまさに「誠を尽くして天に救われた」のです。

第五章　克己のたしなみ

強くやさしくあるために

人生には困難がつきものです。時には途方に暮れるほどの難局となることさえあるでしょう。

出光佐三《さぞう》翁（出光興産創業者、明治十八年〜昭和五十六年）の
「私は主義に生きるため、努めて苦難の道を選び、死に勝る一生を送りました。この苦しみは八十を過ぎて私の楽しみとなり、老後のしあわせを喜んでおります」

という言葉が私は忘れられません。エッセイストの大石邦子先生に宛てた手紙に書かれていたもので、『この愛なくば』（大石邦子著　講談社）で紹介されています。

この言葉と出会ったのは十代の頃でした。なぜ努力してまで苦難の道を選び取ろうとするのか、死に勝る一生とは何なのか、また、なぜそのような生き方によって幸福を得られたのか、当時の私には、全く理解することができませんでした。今でも真に理解できたとは思えません。ただ、幸福は必ず苦難の先にあるということは、私もさまざまな経験をつ

うじてわかりました。

それはたとえるなら山登りのようなものです。道なき道を歩き、時には崖《がけ》をよじ登り、突然の天候悪化で冷たく激しい雨に打たれることもある。頂上間近になると、足元はいっそう険しく危うくなります。

そうしてやっと頂上に立った時、そこには登った人でなければ決して目にすることのできない景色が広がっています。つらく苦しい経験は感謝と喜びに取って代わられ、また他者の苦しみへの理解となり、人としてのやさしさは一段と深まることでしょう。

幸福という名の景色を抱きしめるために苦難の道が用意されているのであれば、むしろ喜んで受け入れ、難局に取り組みたいものです。

必要なのは、何ごとにも負けない心の強さです。武士道では「克己心《こっきしん》」と言います。

彼らは逆境にも屈することのない、高邁《こうまい》な精神の厳粛なる化身《けしん》であり（中略）、鍛錬につぐ鍛錬によって完成された、克己に生きる模範であったのである。この克己心こそすべてのサムライに求められた武士の教育の根幹だったといえる。（『武士道』）

人間的な強さとは克己心そのものと言っていいでしょう。

そして、女性には女性の強さがあり、男性には男性の強さがあります。

女性の強さとは多くを受け入れる柔和さであり、受け入れてなお自分を失わないしなやかさではないでしょうか。風呂敷のようにふんわりとすべてを包み込み、一見、形が変わったように見受けられても、なお自分自身であり続ける、そんな強さとも言えるでしょう。

英国公使婦人のメアリー・フレイザーは、ぜひともそうした日本女性に学ぶべきであるとしています。

「もし我々西洋の女性が東洋の姉妹たちから、勇気ある謙遜、義務への忠実、比類なき無私を学ぶなら、どんなにか世のなかを変えることができるだろう」（『英国公使婦人の見た明治日本』メアリー・フレイザー著　ヒュー・コータッツィ編　横山俊夫訳　淡交社）

メアリーは、他の欧米人同様「教えるつもり」でいたのでした。そして日本女性もまたメアリーに対して「教えていただきたい」としていました。ところが日本の女性と交流を深めた結果、メアリーはむしろ自分たちが学ぶべきなのだという結論に至ったのです。

「どんなにか世の中を変えることができるだろう」という言葉を、誇らしくも重く受け止めたいものです。

本章では、女性として強くやさしくあるための心がけをまとめました。いずれも「心が弱ってしまった」と感じた時に思い出す祖母の語録で、言わば心の栄養剤です。

女子の教養　三十九

自分がいかに弱いかを知るのは難しい。けれど弱さを知っている人は強くなるものです

人は誰でも弱いもの

私は、幼いころから強さに対する憧れを抱いていました。

正義感が強いのか悪漢と戦う夢を年がら年中みたものです。おひなさまよりも鎧甲《よろいかぶと》のほうが好きでした。

ところが一歩家から出ると、まるでおっとりしていてだめなのです。年の離れた末娘で大人に囲まれて育ったためでしょう。小学校に上がったばかりのころはいたずら好きな男

の子からよくからかわれ、悔し涙を浮かべながら帰ったものでした。もっとも、ある時点で人が変わったようになり、ガキ大将をこてんぱんにやっつけたのですが。譲れないところは断固斥《しりぞ》ける祖母の血を受け継いだのかもしれません。

強くなりたいという思いは、その後、「人として強くありたい」という願いに変わりました。どんなことでも果敢に乗り越える、人にやさしく自分に厳しい、そんな強さを身につけたいと切望したのです。というのも、自分の弱さにあきれ、同時にまわりの誰もが立派に見えたからです。

祖母の言葉がわき上がってきたのは、そんな折でした。

「人は誰でも弱いものだよ」

弱虫な自分が嫌だと悔しがった幼き日に言われたことです。

「おまえだけじゃないよ、人は誰でも弱いものなんだよ。でもね、それを知らないばかりに強くなる努力ができず、勇敢になることもできなくなる。おまえが自分が弱いとわかったのは、悪いことではないんだよ」

自分を見つめ、自分と向き合う

敵を知り己を知れば百戦殆《あや》うからずです。誰を敵に回すわけでもありませんが、ともかく自分をよく知らねば、何をどう改善してよいのかもわかりません。

「まず、自分をよぉく見つめてごらん。心の中を素直な気持ちでのぞいてごらん。そして、おのれの弱さを知るのです。どんなに弱いか心底からわかったら、強くなるための最初の一歩は確実になるよ」

自分を知るというのはたいへん難しいことです。もう一人の自分が離れたところから自分を見ている。常にそんな状態でいなければなりません。一日のうちに最低でも一度は心静かな時間を設け、心の内を奥の奥までのぞいてみる必要があります。

けれど、そのようにして自分と向き合ってみると、嫌なところばかりが目について、なおのこと自分を嫌いになってしまいそうになりもします。

自分と向き合い続ける中で、どうして自己嫌悪に陥《おちい》るのか、私なりにわかったことがありました。原因はふたつあります。

まず「他の人達はできているのに自分はできていない」などと他者と比較して自分を見ているため。そしてもうひとつは「自分はだめだ」という一方的な見方で、必要以上に自己否定をしてしまうためです。

長所と短所は紙一重です。時と場合により長所は短所にもなり、短所は長所にもなります。短所を生かす方法もあるのですから、何でも否定する暇があるなら、知恵と工夫で短所を長所に転化する努力をしたほうが建設的でしょう。

ここに至って私は、祖母が「自分と向き合ってごらん」と言った深意を理解したように思いました。よく言われる「あるがまま」を受け入れろ、ということだったのです。

女子の教養　四十

才能は誰にでも与えられているもの。それは人のために使うと光るんですよ

才能の咲かせ方

まわりの誰もがえらく見え、自分がみそっかすに感じられる。

これは一種の思考癖のようなものでした。やはり大人の中で育ったためでしょう、大人に比べてできないことが多いのは当然のことなのに、自分はいつまでも一人前になれない役立たずだと感じていました。

そのくせ私は自分を甘やかすのです。注意されてもまた同じことをくり返すことは多々

あり、勉強やお稽古もうっちゃってしまうことがたびたびでした。

自信が持てず、そのくせ怠け者な私に、祖母は言いました。

「才能というのは、その人の持っている優れた能力のことなんだよ」

私は自分に人よりすぐれたところがあるとは思えませんでした。

「人より優れているとか、勝っているとかいうことではないんだよ」

祖母の話は、つかみどころがないように感じられました。まだ人と比較してしか自分を見られなかったためでしょう。

それでも、私でも役に立てることがある、役に立つ方法があるのだと、ささやかな希望を抱いたものです。

「才能は、神さまが誰にでもちゃんとお与えくださるものなんだよ。自分に才能がないなんて思うのは、神さまに失礼だから、そんなこと思ったらいけないよ」

そして、こうも教えたのです。

「何の才能もないなんて言うのは、怠け者の言い訳ですよ。なぜ才能が与えられているかわかるかえ? それは、他人さまのお役に立ち、世の中のために働くことができるようになんだよ。才能というのは人のために使った時に磨かれて光る。生まれたからには才能を惜しげなく使って、世の中をよくする努力をしないとならない。大事なことだから、大人になっても忘れないでおくれよ」

祖母は自分に自信が持てない私を慰めると同時に、自分を甘やかす悪い癖をたしなめたのです。

女子の教養　四十一

できるかできないかは、するかしないかでしかないんだよ

乗り越えるしか方法はない

祖母は上杉鷹山《ようざん》をたいへん尊敬していました。「なせば成る、なさねば成らぬなにごとも、成らぬは人のなさぬなりけり」という有名な格言は祖母の口癖であり、祖母が「米沢の殿さまが」と言う時、それは第九代藩主鷹山公のことなのでした。

「できるかできないかを考えるより、まずはやってみることだよ。なんだってやってみればできるものですよ」

頭で考えるより、行動するのが大事です。何と言ってもサムライは実践を重んじるのです。そして、「やってみてやり方がまちがっているとわかれば、さっさと別の方法でやってみなさい」とも言われました。

父が大学を受験する時も、全く同じように祖母から激励されたといいます。

商売で生きてきた祖父は、息子にも同じ道を期待していました。文学好きの父が小説を読んでいると、「そんな暇があったらソロバンでもはじいてろ！」と雷を落としたほどです。「まして大学など行く必要もない」と一点張り。それでもなおあきらめきれなかった父は、祖母にだけは心の内を明かしたのでした。父親の反対を押し切っていいものか、そのうえ、合格する自信もない……。

「おまえならできるよ」

あっけらかんとした祖母の一言でした。

「なせば成るって、米沢の殿さまもお言いだ」

そして、しばらくおいてから、言葉を継いだのです。

「だめだとか無理だとか決めるのは自分なんですよ。そんなことを決めてはなりません。

目の前に立ちふさがったものが、山であろうと、深い谷であろうと、厚い壁であろうとも、乗り越えるしか方法はないと思ってごらん。乗り越えるのだと決めてかかれば、意外とできてしまうものですよ」

その後、父は猛然と勉学に励み、見事大学合格を果たしたのでした。「合格だろうが行かせるものか、金はびた一文出さないぞ」と息巻いた祖父を、祖母がどのように説得したのかはわかりません。とにかく、すべて丸く収まったのです。

おもしろいことに、私も息子が進学校でもない高校から国立難関大学に進学する道を選んだ時、まったく無意識のうちに同じことを言っていました。

「おまえならできるよ」

口調まで祖母とそっくりだったかもしれません。

息子に祖母のエピソードを話しながら、私自身、さらに「なせば成る」を実践しようと心に決めました。祖母が人に言うばかりで自分自身が実行していなかったら、祖父や父を動かすことはできなかったろうと思ったからです。

女子の教養　四十二

努力は涼しい顔でなさい。人のためになることは呼吸するように行いなさい

常に平易にさりげなく

祖母はやたらと褒める人ではありませんでした。それだけに、たまに褒められると、このうえなく嬉しかったものです。

ある時、もっと褒めてもらおうと思った私は、勉強でも家のお手伝いでも、わざわざ祖母の目の届くところでしました。がんばっている姿を見てもらいたかったのです。

そんな私を祖母はやんわりと諭しました。口調はやわらかでしたが、その内容は厳しい

ものです。

「いかにもがんばっているという様子をひけらかすのは、周囲の者の関心を惹きつけようとするみっともない行いですよ」

いちばん言われたくない「みっともない」という言葉が出てしまったのでした。

「褒められていい気分になりたい、自分はこんなに立派なんだぞと自慢したい、名声を得たいという思いが心の中にあり、それを満足させんがために行うのは、おのれのことしか考えていないことを証明しているようなものですよ」

そして、「努力というのは涼しい顔でなさい」と言うのでした。

学校の帰り道、風にあおられ散らばっていく書類を持ち主である男性と一緒になってかき集め、お稽古に遅刻してしまったことがありました。そんな話をした時も、さほど褒められませんでした。

「よいことをしたね。でも困っている人を助けるのは当たり前ですよ」

孔子の教え「義を見て為《せ》ざるは、勇なきなり（行うべきことを前にしながら行わないのは、臆病者である）」（『論語』）は、祖母にとって座右の銘です。

「困っている人を助けたり親切にするのは人として当たり前のことで、見せびらかすようなことではないんだよ。人のためになることは呼吸するように行いなさい」

今にして思えば、「人に親切になさい」という教えを私が実践していることを、祖母が喜ばないわけはないのです。あえて褒めなかったのは、褒められること、人からどう見られ、どう評価されるかということに行いの基準が置かれるようでは困ると考えたためでしょう。

『論語』に「己れを知ること莫《な》きを患《うれ》えず、知らるべきことを為すを求む」とあります。「自分を認めてくれる人がいないことを気にかけないで、認められるだけのことをしようと努めることだ」という意味です。

大切なのは、行いの基準を常に「自分はどうあるべきか」に置くことなのです。

女子の教養　四十三

一本筋が通っていれば自分の歩き方でいい。転んで得たものは次の一手になる

転ばなければ拾えない

我が家では厳しいしつけの一方で、持って生まれた性質は大事にしてもらえました。「らしさ」や個性は尊重されたのです。

戦後の教育は個性重視と言われながらも、その実、金太郎飴をつくるようなものだったと言っていいでしょう。私は金太郎飴になることができず、生徒を一定の形にはめたい先生を手こずらせることにもなりました。

それでも祖母は全く気にしませんでしたし、祖母が平然としているので母もまた頓着《とんちゃく》しませんでした。

「筋が通っていれば、歩き方など本人が決めればよい。走りたいなら走り、歩きたいなら歩けばいい。人の進み方を真似て何になりますか」

そして、その結果つまずいても、それはそれでかまわないと言うのです。多少のつまずきなどどうということもなく、かえってそれは益になるとさえしました。

「大いに転びなさい。転ばなければ拾えないものがあるものだよ。転びもせずに歩き続けるなんて、たいそう気の毒なこと。何ひとつ拾わずに通り過ぎてしまうのだからね」

「転んで得たものは、成長するための次の一手になる。そのうえ転んだ分だけ立ち上がる力がつくんですよ」

実際に私はよく転ぶ子供で、膝に傷が絶えませんでした。けれど、転び続けているうちに転び方が上手になり大きく傷つくこともなくなり、さらには転ぶ寸前にさっと体勢を変え、転ばず済ますこともできるようになりました。

祖母は幼い私でも理解できるように、失敗すること苦労することの大切さを教えたのです。心情においても、全く同じことが起きました。

失敗を重ねるうちに、傷つくことはあっても大打撃を受けるようなことにはならなくなり、また、自分の思い込みを切り替えることによって、傷つくような事態を避けられるようになったのです。失敗した経験は、祖母の教えたとおり、次の経験に生かされることになりました。

女子の教養　四十四

心の傷は必ず治るものだよ。心を開けば、あらゆるものが励ましになってくれるからね

自分の足でしか立つことはできない

私たちの体には自然治癒力という「治す力」が備わっています。風邪薬などは症状を緩和しているのであり、実際は体に備わっている免疫の力によって治っているのです。

体に治す力があるのであれば、心にも同じように自然治癒力があると言えるでしょう。

心と体は別のものではなく、本来、ひとつのものだからです。

祖母もまた「心の傷は自分で治せる」と教えました。

祖母の三女が嫁いだ先は、我が家に勝るとも劣らぬ厳格な家でした。特にお姑さんは厳しい人で、三女はつらくて一人泣くこともあったのです。家風を身につけてもらわねばとお姑さんも一所懸命だったのでしょう。それでつい言葉が過ぎてしまうのはよくあることです。

娘の苦労を察していた祖母は、「傷つくことを怖がってはなりません。傷つかなければ治し方を覚えられないからね」と諭しました。

「けがをしても治るのは、体に治す力があるからだよ。大丈夫ですよ、心の傷もちゃんと治るから。時間がたてば、なんであんなことで傷ついたんだろうかと思うようになるよ」

そして、ひどい目に遭っているなどとは絶対に思ってはならないと釘を刺しました。心が閉じてしまうからです。

「ひどい目に遭ってると思ってると、何でも敵に見えてくるからお気をつけよ。かえって、おまえが心を開いていると、どんなものだって励ましになる」

夜空に輝く月や星々、青空、身近な野の花、子供の笑い声、香箱《こうばこ》を組んで眠る猫。確かに、つらい悲しいとばかり思わずに、ふとまわりを見回してみれば、あらゆるものが慰めになります。もちろん伯母にとっては祖母の励ましが、何より心を治すための栄養になりました。

祖母は「近所だからといって、そんなに頻繁に実家に戻ってくるものではないよ」と戒めながらも、嫁いだ娘に伝えました。

「傷が深い時は無理をせず、自分をいたわりなさい。けれど少ししたら甘やかすことなく、自分で自分を激励なさい。他人の足で立ち上がることはできぬのだからね。自分の足で立ち上がってこそなんだよ」

他者に心の支えを求めたとしても、最後は自分の足で立ち上がる。

自分の足で立ち、自分の足で歩いてこそ人生なのです。

女子の教養　四十五

悪感情を後生大事に抱えるなんて、それこそ損ですよ

怒りは何も生み出さない

何が原因だったのか、大の親友と絶交するくらいの状況になったことがありました。もう半年もすれば別々の中学校に進学し離ればなれになってしまうというのに、いつまでも意地を張り通していたのです。

「絶対許さない」「もう親友だとは思わない」などと目をつり上げる私に、祖母は「怒りは捨て置くに限るんだよ」と言いました。

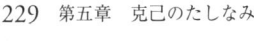

「怒りはよいことは何も生み出しはしないものだよ。相手に怒りをぶつけたら、それは何倍にもなって返ってきて、おまえを傷つけることになるだろう。たとえ自分が正しいとわかっていても、決して怒らずに、しばらく捨て置きなさい。そのうち気も静まるから」

怒ってはならないということを、祖母はよほどしつけておきたいと思ったのか、他のことにもまして諭されたことを思い出します。

「悪感情を後生大事に抱えるなんて、それこそ損ですよ。根に持ったところで、何にもいいことなんてありはしないよ」

「まあ、よろしいか、怒ってもいたしかたないと、おのれをなだめなさい。何度も練習しているうちに、自然とできるようになるものだよ。そしていち早く怒りを消し去って、決して恨みを抱えないこと。怒りをそのまま心の中に温存していると、必ず恨みへと発展するものだよ。そうなれば消し去るのがもっとめんどうになりますよ」

確かに、いつまでも怒っていたところで何ひとつ改善されるものはありません。それどころか不愉快な思いを抱えながら、つまらない日々を過ごすことになります。そして不愉快にしているのは、ほかでもない自分自身なのでした。

「人の一生は重荷を負うて遠き道を行くがごとし」で始まる東照公遺訓の中に「怒りは敵と思え」という一説があります。この遺訓を初めて読んだ時、私はハッとしたものでした。祖母の言葉がありありと蘇ってきたからです。

「ならぬ堪忍《かんにん》するが堪忍」という言葉もあります。堪忍できないようなことを堪忍することの大切さを教えています。

ちょうどそのころ、人間関係の難しさを痛感しており、どうすれば相手を許すことができるか、それも、不満を抱えることなく潔く許すことができるかが、私の大きな課題でした。

「堪忍せずにいるとおのれの心をどんどん硬くしてしまう。つまらないことでいちいち怒るようでは、生きているのがほとほと疲れるというものだよ。どんなに腹が立っても、堪忍することが大事だよ」

これは、なかなか難しい実践です。けれど、祖母が言うように、いちいち怒るのは実にくたびれることです。

結局、私は「忘れる」ということも努力次第なのだと思うようになりました。それからは怒りに限らず、嫌なことは積極的に忘れるよう自分をしつけていったのです。
新渡戸稲造が『武士道』で引用した熊沢蕃山《ばんざん》（江戸前期の陽明学者。中江藤樹の第一の門人）の名言は、私にとって座右の銘の一つとなりました。

人の咎むとも咎めじ、人は怒るとも怒らじ、
怒りと欲を棄ててこそ常に心は楽しめ
（人が咎めようとも自分は咎めない。人が怒ろうとも自分は怒らない。怒りと私利私欲を捨ててこそ、常に心は楽になれるものだ）

女子の教養　四十六

勇気のある人ほど忍耐強いものですよ

本物の勇気とは

怒りを忘れること、許すこと、譲ること、忍耐すること。

どれも勇気のいることだと、最近、つくづく思います。

明治に生まれ、大正・昭和と三つの時代を生き抜いた祖母は、まさに努力と忍耐の人でした。それは祖母が勇敢な女性であった証です。

「真っ暗な猛吹雪の中だとか、何も聞こえず何も見えないトンネルの中を手探りで歩いているようなつらい時が、思いのほか長く続くことはありますよ。そんな時はひたすら待つのです。静かに、じっと耐えるのです。明日かもしれない、明後日かもしれないと、先を急《せ》いてはいけない。ここから抜け出すのはいつだっていい、くらいの気持ちで、耐えてみせるという覚悟でいるのです」

「どんなに長い冬でも、やがては必ず春になる。長く厳しい冬の後は、春はその分、素晴らしいものとなる。北国の春は、冬が厳しい分だけきれいだろう？　その素晴らしい春を心の奥にずっと思い描きなさい。やがて目にする景色を手で触れることができるまで、心に思い描くのだよ」

いずれも祖母が娘たちに語ったことです。

『論語』には「速《すみや》かならんと欲すること毋《な》かれ。小利を見ること毋かれ。速かならんと欲すれば則ち達せず。小利を見れば則ち大事成らず（早く成果をあげたいと思うな。小利に気をとられるな。早く成果をあげたいと思うと成功しないし、小利に気をとられると大事はとげられない）」という教えがあります。これも努力の継続や忍耐の大切さにつながるものでしょう。

祖母と一緒に『里見八犬伝』の人形劇をテレビで見ていた時のことです。勇敢に戦うことこそが勇気であると子供らしい認識でいた私に、「女の子の勇気は辛抱することでもあるんだよ」と祖母が言いました。私は辛抱するなど絶対に嫌だと答えました。我慢するくらいなら戦うんだ、と。

祖母は笑って「それでも、おまえは女の子なんだから、忍耐が大事だっていうことは覚えておきなさい」と答えたのです。

助けを求める勇気も大切

辛抱する勇気を教える一方、祖母は助けを求めることの大切さも教えました。

「困った時や、どうしてもつらい時は、ちゃんと〝助けて〟とお言い。一人ではどうにもならないことなど、いくらでもあるんだからね」

負けず嫌いで、人に頼りたくないという気持ちが人一倍強かった私にとって、それは難しいことでした。

「必要な時にはちゃんと人を頼らないとならない。おまえも人を喜んで助けられる子であらねばならない。そのためにも助けてと言える勇気がないとね」

長らく理解できませんでしたが、ようやく私もわかり始めました。「助けて」と素直に言えないのは、それこそ意気地がないことです。というのも、駄目な自分を目の当たりにせねばならないような気分になるからです。

「人に迷惑をかけたくないから」という言葉の裏には、「この程度だと思われたくない」などという思いも隠れていたことでしょう。

なぜそのようなことを思ってしまうかと言えば、ほかでもない自分自身が、助けを求めてきた人に対して、心のどこかで「なんだ、この程度だったんだ」などと卑しくも感じていたからに違いありません。

必要な時に必要な助けを求める人は、人の助けにも気持ちよく応じることができるでしょう。それが結果として全体の益となります。

「一人ではどうにもならないことなどいくらでもある」という祖母の言葉は「全体を考えろ」「大きな視野に立て」ということにもつながるのです。

女子の教養　四十七

夢を見る勇気を持ち続けなさい。追いかける努力を続けなさい

夢を見るにも勇気がいる

子供のころはなりたいものが山ほどあって困るほどでした。本が大好きで夢見がちだった私は、本を読むごとに「なりたい夢」も変わるのです。ころころ変わる「将来の夢」の話に、祖母はあきずにつきあってくれました。「この前は冒険家になると言っていたのに」などとは一言もなく、その都度、ちゃんと聞いてくれたものです。そればかりか、夢を叶えるためにはどうすればいいか、真面目に教えてくれました。

「夢をつかむには、最初に立ち上がる勇気が必要だよ。次には歩き出す力が必要になる。それから次は、歩き続ける忍耐が必要になるね。焦ることはないよ。一歩一歩進んでいくうちに、だんだん力がついてくる。たいへんな時もあるけれど、なに、覚悟ひとつだよ。次の一歩をじゅんぐり続けるだけのこと」

その後、年を重ねるほどに「夢を見るには勇気が必要」ということを、つくづく実感するようになりました。

涸れない泉が涸れる時

祖母はまた、夢に向かって努力することの大切さをも教えてくれました。

「人は誰でも泉を持っている。泉が涸れないようにするには、上に向かって努力することだよ」

祖母の言う泉とは、生きる力の源のようなものでしょう。

「何より、これまでだなどとあきらめてはいけないよ。そして自分の能力に決して満足しないことです。これで十分だ、満点だ、なんてことはないんですよ。階段を上がったら、後ろを見るのではなくて、さらに上をごらん。時には後ろを振り返って、自分がどんな足跡を残したか確認するのは大事だけれどね。立ち止まって考えねばならない時以外は、いつも上を見て、どんどん歩いていくんです。そうでないと、涸れないはずの泉が涸れてしまうからね」

イチロー選手は私の尊敬する人の一人です。彼の「夢の実現の仕方」は、まさに祖母が言ったとおりのものではないでしょうか。イチロー選手は遙か彼方に目標を置きながらも「次の一歩」に集中し歩み続けてきました。その軌跡は彼が本物の勇気と不屈の精神を備えた人であることを物語っています。そして今なお、さらなる高みを目指しています。まさに泉が涸れない生き方をしているのです。

世の中には、二十歳そこそこで夢をあきらめてしまう人と、七十歳を超えてなお夢を追い続ける人がいます。

心の泉が涸れてしまわないような生き方をしたいものです。

女子の教養　四十八

つらい時には善い行いをしてごらん。人生の灯りが増えるから

喜び、幸福は苦難の後に

祖母の長女が結婚して間もなく夫に先立たれてしまった際のことです。

涙のひとつもこぼさずに、途方に暮れている娘に対して、祖母はぽつりと言いました。

「喜びや幸福は必ず苦難のあとにやってくる。これは約束してもいいよ」

そして気を取り直すようにして、

「苦労知らずというのは気の毒ですよ。何が幸福かを知る術を知らないのですから。喜び

や幸福は必ず苦難のあとにやってくる。ただし、乗り越えられればの話だがね」

と語ったのです。

親にとって何よりつらいのは、どうにもできない子供の苦難を目の当たりにすることです。むしろ自分が苦労するほうが、ずっと楽だと感じられるものでしょう。祖母は娘に言い聞かせながら、自分自身をも励ましていたのかもしれません。

そして祖母ならではの「苦しい時の処方箋」を伝授したのです。それは、つらい時にこそ、人に喜ばれるような善い行いをする、ということでした。

「つらい時にこそ、善い行いをしてごらん。自分の悲しみにばかり、かかずらってばかりいるのをやめにして、何でもいいから人に喜ばれるようなことをしてごらん。善い行いをすると、人生の灯りがその分だけ増えていくよ。明るかったら不安も少なくなるだろう。転ぶ心配も少しはなくなるってものだよ」

いろいろなことがうまくいかず、暗い顔をするばかりか、つい人に対してつらくあたってしまう。無意識のうちに、あるいは悪いとわかっているのに、よからぬ行動に出てしまうようなことは、多少なりともあるものです。

そこをあえて善行をせよと言うのです。

祖母は経済的に苦しい時でも、お金を貸してほしいと頼まれれば、貸せるだけ貸す人でした。

人というのは、案外、わかっているものですし、見ている人は見ているものです。祖母が自分の困窮をさておき人に親切にしたことは、相手にちゃんと伝わっており、また、周囲の少なからぬ人がことの次第を理解していました。いかに祖母が多くの信頼を得ることになったか、言うまでもありません。

「不義理なことをするたびに、人生の灯りがひとつ、またひとつ消えていくんだよ。暗い道を歩くのはいかにも危ういことだからね」

祖母は義理を重んじることで、たとえ貧しくとも人生の灯りを増やしました。事業を起こした祖父が多くの人の協力を得ながら成功させることができたのは、祖母が灯した人生の灯りによるところも大きかったのです。

女子の教養　四十九

受け入れがたいことも、受け入れなさい。そうすればどうにでもなるから

何ごとも避けては通れない

どちらに進んでいったらいいのかわからなくなってしまい、まるで海の底に沈んでいるかのような毎日を過ごしたことがありました。自分だけが隔絶《かくぜつ》された世界にいるようで、どうすればここから浮上できるのかと、もがいたものです。

そんな中、しがみつくようにして支えにしていた祖母の言葉があります。

「受け入れがたいことも、受け入れてごらん。悩むのは、ほんとうには受け入れていない

からだよ」

「嫌なことでも避けて通らずに、嫌なことの中に飛び込んでごらん。どのみち、何ごとも避けて通れるなんてことはないんだから」

「落ち込んだところで考えることというのはあんまりたいしたことではない場合が多いよ」

「おまえは頭でっかちだからいけない。毎日しなければならないことを、何にも考えずにただただやってごらん。そのうちトンネルから出たようにすっきりするから」

何でも頭で考えすぎるのは失敗を恐れるあまりでしょう。失敗したくない、これ以上、嫌な目に遭いたくないという弱い心が、行動することを妨げ、方向を見失わせるのです。

悩んでいる状態を私なりにイメージしました。祖母が「トンネル」と表現しましたが、まさに真っ暗なトンネルに入るのを恐れて、手前でうろうろしているのです。

けれど道は一本道、トンネルを通らなければ出ることは決してありません。思い切って飛び込んで、遠くに見えるかすかな光を頼りに、ただただ歩き続ければ、やがて光はだんだん大きくなり、気づいた時には光の中に立つ自分を見出すことになるでしょう。

「トンネルに飛び込んでは出る」という経験を重ねるうちに、「しんどいけどそのうち抜ける」と思えるようになりました。また、「抜けた時には何か必ず学んで自分のものにしている」ということもわかるようになりました。

「まず運命を受け入れる。どうにかするのはそれからです」

「まなこをしっかりと見開いて、やってくる運命を真正面からじっと見据えるのです。おのれの中に一本しっかりと支柱を抱き、それを頼りに柔軟に乗り越えていくのですよ」

何が起ころうと、すべて自分の運命です。その運命ごと自分自身なのです。運命を受け入れるということは、自分自身を受け入れるということでもあるのでしょう。自分自身をまるごと受け入れてこそ、柔軟な強さが備わるものだと思います。

いつからか私は悩んだり落ち込んだりすることが少なくなりました。悩んだところで仕方がないし、怒らず、焦らず、奢《おご》らずに、明るい気持ちで目の前にある「今すべきこと」に淡々と取り組んでいるうちに、なるようになっていくとわかったからです。

大切にしているのは、祖母がくり返し教えた「いつでもよいお顔でおりなさい」「つらい時ほど笑顔でおりなさい」ということです。避けて通れない道ならば、笑顔で明るく受け入れたいと、私なりに努力を重ねるようになりました。

女子の教養　五十

誰かが必ず祈っていてくれるものだよ。人というのは目には見えないご恩をたくさんいただいているものです

受け継がれる願いと祈り

お正月と並んで、お盆は心楽しい行事でした。

どこもかしこも開け放した部屋に漂う夏の夜気《やき》、思い出話に興じる大人たちの笑い声、お酒とお料理とお線香の匂いがして、上座には祖母がゆったりと座しています。

私は、ご先祖さまの姿がひょいと見えたりしないだろうか、ずらりと居並んだ親戚の中に交じったりしてはいないだろうかと思い巡らせ探したものでした。

「ご先祖さまに花火を見せておあげなさい」

祖母から言われ、庭に出て花火をしている時には、庭木のかたわらにご先祖さまがたたずんでおられ、そのお姿が、ぱっと花火に照らされて見えたりするのではないかと、これは少し怖かったのを思い出します。

迎え火も、送り火も、祖母と一緒にしました。

「さあ、いよいよご先祖さまが降りてきなさるよ」

暗い庭に白い煙がゆらゆらとひとすじ立ち上り、その向こうには星々が瞬《またた》いていました。送り火のときも同じ景色です。けれど、祖母の「また来年」という短い言葉が、なんとはなしに寂しさを誘うのでした。

私にとっては、ただ楽しいばかりの行事でも、祖母にとっては感慨深いものでしたでしょう。目には見えないご先祖さまの存在を、祖母は、はっきりと感じていたのではないかと思います。還暦前にあっけなく逝ってしまった夫、戦死した長男、先だった息子や娘、父に母、明治維新で賊軍とされ、悔しい思いをした祖父母。お盆は、会いたい人たちの魂を近々と感じることのできるひと時なのです。

お盆明け、お供えものを下げながら、祖母は昔話を聞かせるように言いました。

「ご先祖さまはね、まだ見ぬ先の我が家のことまでも心配して生きておられたのです。そんなご先祖を助けてくれた人達は、次の世にこうして生まれてきたおまえを助けてくれたようなもの。人というのはね、目には見えないご恩をたくさんいただいているものなんだよ。おまえのぜんぜん知らないところで、誰かが必ず、強くたくましく幸せに生きていってほしいと祈っているものだよ。だから、できる限りご恩に応えるように、どんなことだって負けないでがんばるのです」

こう話しながら、祖母は私のために祈ってくれたのでしょう。そして今も、祖父や伯父伯母たち、父と一緒に、草葉の陰から、そっと見守り、祈り続けてくれているはずです。

幸せになる義務

この世に生を受けた私たちは、一人残らず祈りの中で生きています。

子々孫々みな元気で家が繁栄しますように。

のちの世の人々が幸せでありますように。

美しく平和な日本がずっと続きますように。

世界は祈りで充ち満ちているのです。

私たちは誰もが、まったくあずかり知らぬところで多くの恩恵を受けながら、今日この日を生きています。血筋であるご先祖さまはもとより、そのご先祖さまを支えた方々のお力によって、私達の「今」があり、「今」の積み重ねである「人生」があります。

さらに言えば、たとえ先祖とは何のかかわりがなくとも、この国を護った全ての先人の恩恵を受けて、私たちは二十一世紀という時代を生きているのです。

この事実は、「なんとしても幸福に生きねばならないのだ」ということを私に教えました。「幸福になろうとなるまいとどちらでもいい、自分の人生なのだから」などというのは、恩知らずとしか言いようがありません。幸福になることは、先人との約束であり、果たすべき義務なのです。

おのれの弱さと対峙《たいじ》し、常に克服しようとするのは容易なことではありません。負けそうになった時、私は祈りの中で生かされていることを思うようにしています。目には見えなくとも、その声を聞くことがなくとも、私たちは励まされ支えられているのです。祈りの中で生かされていることへの実感は、克己心をより強からしめることでしょう。というよりも、先人の魂とのつながりを失ってしまっては、真に強くなることはできないのです。

先人への感謝を忘れず生きることは、日本人の美徳の根幹を支える意識であり信仰でした。戦後、死者に心を向けることが少なくなり、そのつながりが希薄になるにつれ、人々は浮き草のようになってしまいました。現代人の弱さ挫けやすさはここにあります。

第一章で引用した孔子の教え「君子は本を務む。本立ちて道生ず」は、次のように続きます。


「孝弟《こうてい》なる者は其れ仁の本《もと》たるか（孝と悌ということこそ、人徳の根本であろう）」（『論語』）

孝は親など目上の人を敬うこと、悌は目下の者を大切にせよということです。それこそが徳の根本だと孔子は説いています。

この教えを一歩進めれば、先人を敬い子孫を大切に思うことによって、人徳が備わるのだ、ということになるでしょう。

先人の魂を敬い、未来の人々のために祈りながら、今この時代を真摯に生きる。

ここに立って初めて、女子の教養は揺るぎない誠の徳となることでしょう。

おわりに

たらちねの親のいさめし言の葉はいまなほ耳にのこりけるかな

昭憲皇太后さまが明治二十一年に詠まれた御歌です。

「親が教え諭してくれた言葉は、いまなお耳に残って忘れることがありません」

本書を読み進むうち、幼きころを思い出された方もおられるのではないでしょうか。親や祖父母から諭されたり叱られたりしたことは、時が過ぎればよき思い出であり、今だからこそ心に響きもします。

他界する三年ほど前でしたか、病気知らずの祖母が骨折により入院したことがありました。私が不安顔でお見舞いに行き、なかなか帰らずにいると、祖母は言ったものです。

「大丈夫ですよ。人は死ぬ時までは生きているのだから、安心なさい」

ちょうど「明日、目が覚めなかったらどうしよう」という思いにとりつかれ、眠るのが怖いと感じている時期でした。こう諭され、「おばあちゃんも私も大丈夫だ」などと妙に納得して帰ったのですが、全く祖母も人が悪いというものです。

それでも祖母は「死ぬ時までは生きている」その時間を無駄にせず、入院中に自身の生涯を綴ったのでした。祖母が手記を残してくれたために、日々受けた薫陶がこと細かに思い出され、その声が耳に心に蘇りました。

祖母の語り口は少し独特です。「さもないこと」「居ずまい」「心ばえ」「気はし」など、今はあまり使われることのない言葉も聞かれます。

ほかに、「こんにちさま（今日様）」というのもあります。東京の下町言葉で、お天道さまのことなのです。「怠けていたら、こんにちさまに申し訳ないからね」などという使い方をしますが、こんな言い回しひとつにも、「今日《こんにち》この一日を生きる」という意識が感じられます。


本書でたびたび引用したモースの『日本その日その日』は私の愛読書です。モースは共に日本で過ごしたビゲロウ博士から、「私たちが親しんだ日本人は消滅しつつある。あと十年もすれば地球上から消えてしまうぞ。我々は、その消滅しようとしている日本人を目撃した最後の人であることを忘れるな」と指摘され、突き動かされるように同書を記しました。

「消滅しようとしている日本人」とは明治人のことです。ビゲロウ博士は、明治人を化石になる寸前の貴重な生物にたとえました。原書『Japan Day by Day』が米国で出版されたのは大正五年ですから、少なくとも昭和初期には消えてしまったことになります。高度経済成長期に生まれながら、消滅したはずの明治人の薫陶をわずかなりとも受けたというのは、希有なことかもしれません。

もっとも、人によっては、武士道を基とする明治人の矜持など、過去のもの、それこそ「化石」のようなものでしょう。

だとしても私は、その化石に息を吹き込みたいのです。

本稿を書き終えるころ、古代蓮が早くも見ごろを迎えたという報《しら》せが届きました。古代蓮は、大賀蓮とも縄文蓮とも呼ばれます。

昭和二十六年、千葉県の落合遺跡から出土した二千年以上も前の蓮の実を、植物学者の大賀一郎博士が自宅に持ち帰り発芽を試みたところ、翌二十七年七月十八日、薄紅色に輝く大輪の花が咲いたのです。

縄文時代の化石たる蓮の実が花開こうとは、それも見事な大輪の花が咲くとは、誰が予想できたでしょう。まさかの出来事であり、世界中が驚嘆しました。

その後、大賀博士の古代蓮は移植され、各地で夏の朝に爽やかな彩りを添えています。

私達も、花を咲かせましょう。

失われつつあるかに見える日本女性の美徳が芽吹き、日本はもとより地球上いたるところで気品に満ち溢れる美しい花が咲き誇る日が、きっと訪れることでしょう。そうであることを強く願います。


このほども、多くの方々に支えられ、刊行の運びとなりました。

本書を世に送り出す機会をくださいました藤尾秀昭社長、柳澤まり子副社長、編集部の小森俊司さんはじめ致知出版社のみなさまに、心より感謝申し上げます。

執筆中より温かな応援のメッセージをたくさんの方がくださいましたことは、何よりの励みとなりました。ありがとうございます。

故・中條高徳先生には、生前、過分なお言葉と励ましをいただき、執筆の原動力となりました。あらためてご冥福をお祈り申し上げますと共に深く感謝を捧げます。

それでは、みなさま。

今日も佳き一日をお過ごしくださいますよう。

石川　真理子

平成二十七年　蓮花のころに

【主要参考文献】

『武士道』新渡戸稲造　ＰＨＰ研究所
『養生訓・和俗童子訓』貝原益軒　岩波文庫
『論語』金谷治訳注　岩波文庫
『女性のための修身教授録』森信三　致知出版社
『氷川清話』勝海舟　勝部真長編　角川ソフィア文庫
『山岡鉄舟の武士道』勝部真長編　角川ソフィア文庫
『新編　日本の面影』ラフカディオ・ハーン　角川ソフィア文庫
『女人開眼抄』森信三　致知出版社
『日本その日その日』Ｅ・Ｓ・モース　石川欣一訳　平凡社
『名ごりの夢』今泉みね　平凡社
『江戸幕末滞在記』エドゥアルド・スエンソン　長島要一訳　講談社学術文庫
『自警録』新渡戸稲造　講談社学術文庫

『英国人写真家の見た明治日本』H・G・ポンティング　長岡祥三訳　講談社学術文庫
『英国公使婦人の見た明治日本』メアリー・フレイザー　横山俊夫訳　淡交社
『韋駄天婦人』白洲正子　平凡社
『武家の女性』山川菊栄　岩波文庫
『武士の娘』杉本鉞子　筑摩書房
『私の浅草』沢村貞子　暮しの手帖社
『月の塵』幸田文　講談社
『幸田文　しつけ帖』幸田文　平凡社
『三代の天皇と私』梨本伊都子　もんじゅ選書
『この愛なくば』大石邦子　講談社
『江戸の女性』陶智子　新典社
『御歌とみあとでたどる昭憲皇太后様のご生涯』打越孝明　中経出版

〈著者略歴〉
石川真理子（いしかわ・まりこ）
昭和41年東京都生まれ。12歳まで米沢藩士の末裔である祖母中心の家で、厳しくも愛情豊かに育つ。文化女子大学（現・文化学園大学）卒業。編集プロダクション勤務を経て結婚後はライターとして活動。著書に『女子の武士道』（致知出版社）『いまも生きる「武士道」』（講談社＋α新書）『明治女が教えてくれたプライドのある生き方』（講談社）『新島八重　武家の女はまつげを濡らさない』（ＰＨＰ研究所）などがある。

女子の教養

平成二十七年八月十日第一刷発行
令和二年七月十五日第五刷発行
著　者　石川真理子
発行者　藤尾秀昭
発行所　致知出版社
〒150-0001東京都渋谷区神宮前四の二十四の九
TEL（〇三）三七九六―二一一一
印刷　㈱ディグ　製本　難波製本
落丁・乱丁はお取替え致します。　（検印廃止）

ISBN978-4-8009-1078-3 C0095
ホームページ　https://www.chichi.co.jp
Eメール　books@chichi.co.jp

致知
chichi
心を高め運命を伸ばす

致知
chichi
一念、道を拓く

致知
chichi
大人の幸福論
五木寛之氏に聞く

致知
chichi
心学のすすめ